Patrick Büttner, Christine Schröder

Erklärvideos in der Klasse drehen: Englisch 5/6

Grammatik und Landeskunde

Die Autoren

Patrick Büttner ist Rektor als Ausbildungsleiter u. a. für die Fächer Englisch und Deutsch.

Christine Schröder ist Lehrerin für die Fächer Englisch, Politik und Wirtschaft sowie Diplom-Sozialwissenschaftlerin.

Gedruckt auf umweltbewusst gefertigtem, chlorfrei gebleichtem und alterungsbeständigem Papier.

1. Auflage 2021
© 2021 PERSEN Verlag, Hamburg
AAP Lehrerwelt GmbH
Alle Rechte vorbehalten.

Das Werk als Ganzes sowie in seinen Teilen unterliegt dem deutschen Urheberrecht. Der Erwerber des Werkes ist berechtigt, das Werk als Ganzes oder in seinen Teilen für den eigenen Gebrauch und den Einsatz im Unterricht zu nutzen. Die Nutzung ist nur für den genannten Zweck gestattet, nicht jedoch für einen weiteren kommerziellen Gebrauch, für die Weiterleitung an Dritte oder für die Veröffentlichung im Internet oder in Intranets. Eine über den genannten Zweck hinausgehende Nutzung bedarf in jedem Fall der vorherigen schriftlichen Zustimmung des Verlages.

Sind Internetadressen in diesem Werk angegeben, wurden diese vom Verlag sorgfältig geprüft. Da wir auf die externen Seiten weder inhaltliche noch gestalterische Einflussmöglichkeiten haben, können wir nicht garantieren, dass die Inhalte zu einem späteren Zeitpunkt noch dieselben sind wie zum Zeitpunkt der Drucklegung. Der PERSEN Verlag übernimmt deshalb keine Gewähr für die Aktualität und den Inhalt dieser Internetseiten oder solcher, die mit ihnen verlinkt sind, und schließt jegliche Haftung aus.

Covergrafik:	© annanahabed – stock.adobe.com; Piktogramme: © Alfmaler – stock.adobe.com
Satz:	Typographie & Computer, Krefeld
ISBN:	978-3-403-20657-6

www.persen.de

Inhaltsverzeichnis

Einleitung 5

Leitfaden für Lehrkräfte 6
    Checkliste 8

Material zur Planung und Organisation der Filmproduktion 9
    Drehbuchvorlage 9
    Rollenkarten 10
    Reflexionsbogen 11

Inhaltsfeld „Landeskundliche Aspekte" 12
    British sights and attractions 12
        Arbeitsblatt mit Informationstexten 13
        Dreifach differenzierte Aufgabenkarten 15
        Bildvorlagen 16
        Lösungen 17
    Geography and landscape 18
        Arbeitsblatt mit Informationstexten 19
        Dreifach differenzierte Aufgabenkarten 21
        Bildvorlagen und Redemittel 22
        Lösungen 23

Inhaltsfeld „Grammatik Basiswissen" 24
    Simple Present 24
        Arbeitsblatt mit Informationstexten 25
        Dreifach differenzierte Aufgabenkarten 27
        Bildvorlagen und Redemittel 28
        Lösungen 29
    Present Progressive 30
        Arbeitsblatt mit Informationstexten 31
        Dreifach differenzierte Aufgabenkarten 33
        Bildvorlagen und Redemittel 34
        Lösungen 36
    Simple Past 37
        Arbeitsblatt mit Informationstexten 38
        Dreifach differenzierte Aufgabenkarten 40
        Bildvorlagen und Redemittel 41
        Lösungen 42
    Plural 43
        Arbeitsblatt mit Informationstexten 44
        Dreifach differenzierte Aufgabenkarten 46
        Bildvorlagen und Redemittel 47
        Lösungen 49
    Some and any 50
        Arbeitsblatt mit Informationstexten 51
        Dreifach differenzierte Aufgabenkarten 53
        Bildvorlagen und Redemittel 54
        Lösungen 56

Inhaltsverzeichnis

Adjectives	57
Arbeitsblatt mit Informationstexten	58
Dreifach differenzierte Aufgabenkarten	60
Bildvorlagen und Redemittel	61
Lösungen	62
Steigerung von Adjektiven	63
Arbeitsblatt mit Informationstexten	64
Dreifach differenzierte Aufgabenkarten	66
Bildvorlagen und Redemittel	67
Lösungen	69
Will-Future	70
Arbeitsblatt mit Informationstexten	71
Dreifach differenzierte Aufgabenkarten	73
Bildvorlagen und Redemittel	74
Lösungen	75
Talking about the weather	76
Arbeitsblatt mit Informationstexten	77
Dreifach differenzierte Aufgabenkarten	79
Bildvorlagen und Redemittel	80
Lösungen	81
Telling time	82
Arbeitsblatt mit Informationstexten	83
Dreifach differenzierte Aufgabenkarten	85
Bildvorlagen und Redemittel	86
Lösungen	88
Bildnachweise	89

Digitales Zusatzmaterial:
Beispielvideos
Bildvorlagen in Farbe
Einverständniserklärung für Eltern

Einleitung

In der vorliegenden Veröffentlichung soll den Schülerinnen und Schülern ein echter Sprachanlass zum Austausch über fachliche Inhalte angeboten werden. Dies wird durch die Anleitung bzw. Erstellung von Erklärvideos zu bestimmten Themen der Sekundarstufe I ermöglicht. Es werden Drehbücher zur Verfügung gestellt, in denen die Schülerinnen und Schüler ihre späteren Aufnahmen vorbereiten. Die Drehbücher sollen die Lernenden dazu anregen, im Rahmen ihrer individuellen Möglichkeiten ihre Vorgehensweise zu planen, zu strukturieren und zu dokumentieren.

Die Schülerinnen und Schüler erhalten zum Erstellen der Filme bzw. der Drehbücher jeweils konkrete, dreifach differenzierte Aufgabenkarten. Gleichzeitig werden passende Vorlagen angeboten, die die Schülerinnen und Schüler im Video verwenden können.
Das Lernarrangement soll auch das Verstehen von Lernprozessen weiter vertiefen. Dies wird dadurch unterstützt, dass sich die Lernenden Gedanken darüber machen müssen, wie sie den Lernstoff gut erklären können. Erklären heißt in diesem Zusammenhang aus didaktischer Sicht vertieftes Verstehen, und zwar sowohl für die Betrachter und Betrachterinnen des Films als auch im besonderen Maße für die Erklärenden.

Als Vorbereitung für die spätere Konzeption der Drehbücher bzw. zur Erstellung der Filme wird das Basiswissen zur entsprechenden Thematik dargestellt. Auf dem gleichen Blatt werden nochmals grundlegende Übungen angeboten, sodass sichergestellt ist, dass die Schülerinnen und Schüler im wesentlichen Schritt den Sachverhalt auch erklären können.
Vorab erhält die Lehrkraft auf einer Informationsseite zu jedem Unterthema die intendierten Ziele, Hinweise zur Durchführung und dazu, welche Materialien für die spätere Aufnahme zur Verfügung gestellt werden können (z. B. Lineal, bunte Stifte …). Dort werden auch mögliche Reflexionsfragen abgebildet, die im Anschluss an die Präsentation des fertigen Films mit der Lerngruppe besprochen werden können.

Zu jedem Unterthema wird ein dreifach differenzierter Arbeitsauftrag für die Filmaufnahme abgebildet. Weiterhin werden Bildvorlagen zu jeder Unterthematik angeboten, welche von den Schülerinnen und Schülern verwendet werden können.
Im dritten Kapitel befindet sich eine Vorlage für das Drehbuch und für die Rollenkarten (Kameramann/Kamerafrau, Regisseur/in, Sprecher/in 1, 2 …).

Beispielerklärvideos finden Sie im digitalen Zusatzmaterial. Dort finden Sie ebenfalls einen Vordruck für die Eltern der Lernenden sowie alle Bildvorlagen in Farbe.

Leitfaden für Lehrkräfte

Die Erstellung eines Erklärvideos folgt im Unterricht folgender Systematik:

1. Vorbereitungsphase
Zur Vorbereitung erhalten die Lernenden ein Arbeitsblatt zur jeweiligen Thematik (Merkkasten mit Übungsaufgaben; hierzu werden auch Lösungen angeboten). Dieses beinhaltet Erklärungen sowie Aufgaben und stellt somit sicher, dass die Lernenden die Thematik, die sie im nachfolgenden Video erklären sollen, beherrschen.

2. Erstellung des Drehbuchs
Die Erstellung eines Drehbuchs ist von zentraler Bedeutung, damit die Lernenden nicht einfach drauflosarbeiten. Die Planung der Rollenverteilung ist daher zwingend im Vorfeld zu besprechen und zu dokumentieren. Hierzu werden eine Drehbuchvorlage und entsprechende Rollenkarten angeboten.

3. Filmproduktion
Die entsprechenden Filme bzw. Bildsequenzen werden aufgenommen. Hierzu werden den Lernenden verschiedene Abbildungen für jedes Unterthema angeboten, die sie nutzen können, aber nicht müssen. Die Vertonung kann parallel zur Aufnahme oder im Anschluss erfolgen.

4. Präsentation
Die Lernenden zeigen den Erklärfilm der Klasse.

5. Reflexion
Zum Abschluss wird das Video in der Klasse reflektiert, um Fragen zum Inhalt zu klären und Arbeitsweisen bei einem weiteren möglichen Erklärfilm zu optimieren. Als Handlungsleitfragen für ein mögliches Reflexionsgespräch ist ein Hinweisblatt vorhanden.

Technische Umsetzung des Erklärfilms
Zur Erstellung des Erklärfilms existieren verschiedene technische Varianten. Exemplarisch sollen im Folgenden zwei Möglichkeiten aufgeführt werden:

a) Einsatz von Stop-Motion-Apps bzw. Software
Hier gibt es einige kostenfreie Angebote sowohl für Android® als auch für iOS® sowie für den PC. Diese funktionieren auch offline, es muss also kein Internetzugang vorhanden sein. Gleichzeitig sind diese Apps sehr bedienerfreundlich und einfach zu handhaben.
Bei einem Stop-Motion-Film werden einzelne Bilder erstellt. Diese können nachher vertont und in der App bzw. in der Software zu einem Film zusammengeschnitten werden. Die im Anschluss erfolgende Vertonung hat den Vorteil, dass sich die Lernenden zunächst auf das Bild und danach erst auf die verbale Erklärung konzentrieren können. Diese Vorgehensweise ist für Lernende anfangs einfacher in der Umsetzung.
Wie man mit einer Stop-Motion-App arbeiten kann, zeigt ein Erklärvideo, das Sie im digitalen Zusatzmaterial finden. Dieses Erklärvideo wurde mit der App „Stop Motion®" erstellt, die man sowohl im App-Store von Google® als auch von Apple® in der Standardversion kostenfrei herunterladen kann. Die Standardversion ist völlig ausreichend für die Erstellung entsprechender Erklärfilme.

Leitfaden für Lehrkräfte

Als alternative Apps bzw. Software sind folgende empfehlenswert:
- „Stop-Motion Movie Creator®", kostenfrei, nur für Android®
- „Lego Movie App®", kostenfrei, für Android® und für iOS®
- Windows Movie Maker®

b) Videoaufnahmen mittels Handy, Tablet oder Digitalkamera

Diese Methode lässt sich sehr schnell umsetzen. Sie setzt aber voraus, dass das ganze Erklärvideo an einem Stück gedreht werden muss und nicht, wie bei Stop-Motion, in Etappen. Der Film kann parallel während der Aufnahme oder durch spezielle kostenfreie Programme oder Apps im Nachhinein vertont werden. Dies gilt auch für Software und Apps, die den Film entsprechend schneiden können.

c) Allgemeine Hinweise

1. Die Verwendung eines Stativs (für Handy, Tablet oder Kamera) erhöht die Qualität der Video- oder Bildaufnahmen.
2. Auf eine Anleitung für konkrete Apps oder Software wurde bewusst verzichtet, da diese sich ständig weiterentwickeln und damit verändern.
3. Bevor die Lernenden das erste Mal einen Erklärfilm erstellen, sollten sie sich zunächst mit der Software bzw. mit diversen Apps vertraut machen und deren Umgang lernen.

Leitfaden für Lehrkräfte

Checkliste

Material für die Lehrkraft	Anzahl	✓
Lösungen	je nach Anzahl der Gruppen	
Bewertungsbogen	Klassensatz	
Beispielerklärvideo	1	
Filmaufträge als Folie/PowerPoint	1	
Material für die Lernenden		
Elternbrief	Klassensatz	
Merk- und Aufgabenblatt	Klassensatz	
Drehbuchvorlage	Klassensatz	
Rollenkarten	Klassensatz	
Reflexionsbogen	Klassensatz	
Material für die Filme (Abbildungen, buntes Papier, farbige Unterlagen als Hintergrund, Wortkarten, Stifte, Formen, Sprechblasen …)	Gruppensatz	

Material zur Planung und Organisation der Filmproduktion

Drehbuchvorlage

Erstellt gemeinsam ein Drehbuch, bevor ihr euren Film aufnehmt.

Drehbuchseite: _____

Gruppenmitglieder: _____

Szene	Skizze	Handlung	gesprochener Text

© PERSEN Verlag

9

Material zur Planung und Organisation der Filmproduktion

Rollenkarten

1. Ordnet jedem in der Gruppe eine Rolle zu und tragt den Namen ein.

Kameramann/ Kamerafrau

Deine Aufgabe ist es, das Erklärvideo mit dem Tablet oder dem Handy zu filmen.

Tipps:
- Halte die Kamera still, damit das Bild nicht verwackelt.
- Filme das ganze Bild, sodass man später alles sehen kann.
- Filme im Querformat.

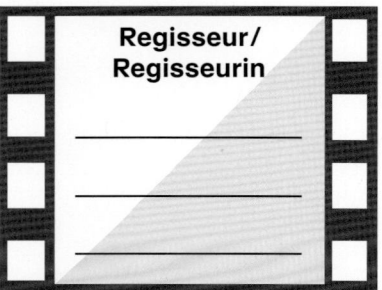

Regisseur/ Regisseurin

Deine Aufgabe ist es, während des Videos den Ablauf zu überwachen und dich um die Bildvorlagen zu kümmern.

Tipps:
- Achte darauf, dass das Drehbuch umgesetzt wird.
- Sortiere dir die Abbildungen vorher in der richtigen Reihenfolge.

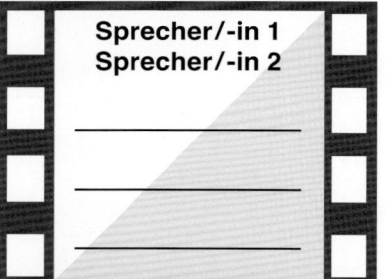

Sprecher/-in 1
Sprecher/-in 2

Deine Aufgabe ist es, während des Videos den Text zu sprechen.

Tipps:
- Achte darauf, dass du deinen Text kennst.
- Verwende die passenden Fachbegriffe.
- Legt die Reihenfolge, wer was sagt, vorher genau fest.

Ablaufplan
1. „Test yourself!" lösen und kontrollieren
2. Aufgabe auswählen
3. Drehbuch verfassen
4. Rollen verteilen
5. Video drehen

Material zur Planung und Organisation der Filmproduktion

Reflexionsbogen

Ich habe das Thema durch das Video besser verstanden:

1. Schätze für dich ein, wie gut die Arbeit in der Gruppe funktioniert hat.
2. Tausche dich anschließend mit deinen Gruppenmitgliedern aus.
3. Notiert, was ihr beim nächsten Erklärvideo verändern möchtet.

Jeder kannte seine Aufgabe und konnte aktiv mitarbeiten.	
Wir konnten mithilfe der Bildbeispiele das Thema erklären.	
Wir konnten das Video mithilfe der App aufnehmen und schneiden.	

Das nehmen wir uns als Gruppe vor:

© PERSEN Verlag

11

 **Inhaltsfeld „Landeskundliche Aspekte"**

British sights and attractions

Ziele
Die Lernenden können
- vorgegebene Sehenswürdigkeiten in Großbritannien benennen und beschreiben.
- Informationen aus bereitgestellten Texten entnehmen und wiedergeben.
- eigene Informationen finden und verarbeiten (differenziert).
- Unterschiede zwischen verschiedenen historischen und modernen Sehenswürdigkeiten aufzeigen.
- bereitgestelltes Bildmaterial nutzen oder eigenes Bildmaterial verwenden (differenziert).
- üben und vertiefen, ein Erklärvideo technisch zu erstellen.
- Absprachen in der Gruppe treffen (Sozialziel).

Durchführung und Organisation
Die Aufgabenstellung kann begleitend zum Lehrwerk im Jahrgang 5/6 oder in späteren Schuljahren zur Wiederholung bearbeitet werden. Voraussetzung hierfür ist, dass die Schülerinnen und Schüler entsprechenden Wortschatz und Redemittel in Ansätzen beherrschen. Vokabular und benötigte sprachliche Strukturen werden durch das Material für die Minimalanforderung vorentlastet.
Sollten die Schülerinnen und Schüler bereits die technische Umsetzung eines Erklärfilms beherrschen, beträgt die Zeitspanne für Vorbereitung, Durchführung, Präsentation und Evaluation je nach Leistungsstärke der Lerngruppe zwei bis drei Schulstunden.

Benötigtes Material
Für die Erstellung des Erklärvideos können den Schülerinnen und Schülern folgende Materialien zur Verfügung gestellt werden:
- Arbeitsblatt mit Informationstexten
- Aufgaben zur Sicherstellung des Verständnisses
- der qualitativ dreifach differenzierte Arbeitsauftrag
- Bildkarten zu ausgewählten Sehenswürdigkeiten
- Drehbuchvorlage zur Erstellung des Drehbuchs
- Rollenverteilungskarten

Optionales Material
- Beispiele für gelungene Erklärvideos und Hinweise, wie man Erklärfilme mit Stop-Motion erstellen kann
- leere DIN-A4- bzw. DIN-A3-Blätter
- bunte Stifte für eigene Gestaltungen
- Landkarte British Isles als Vorlage oder eigener Atlas (differenziert)
- Lehrwerk
- von den Schülerinnen und Schülern ausgesuchtes Material, wie etwa Reiseführer, Prospekte o. Ä.

Inhaltsfeld „Landeskundliche Aspekte"

Worksheet British sights and attractions

There are numerous famous attractions and interesting sights in Great Britain. Many of them are hundreds of years old, for example the Tower of London, Edinburgh Castle or Tower Bridge. On the other hand, there are lots of modern attractions, like London Eye or The Shard.
Below you find information on three famous British sights. You can also find more on the internet or in your school book.

1. Stonehenge
Stonehenge is a very famous and mysterious place near Salisbury in the south of England. It is a circle of really big stones which is about 4500 years old. Nobody knows exactly why it was built. No one ever lived in it. There must have been a spiritual reason why the Bronze Age people worked so hard to set up these big and heavy stones.

2. Loch Ness
Loch Ness is a world famous lake. It is the biggest lake in Scotland and it is 227 meters deep. There are lots of myths and tales about it. Many people believe that a monster lives in Loch Ness. Several times, people took photos with objects in the lake and said it was "Nessie", the monster. But so far, nobody has ever found a real monster.

3. London Zoo
London Zoo is the oldest scientific zoo in the world. It was founded over 180 years ago. It's in the middle of London, in Regent's Park. You can go there by tube. The nearest underground station is Camden Town. At London Zoo, you can see lots of animals, including lions, camels, penguins, monkeys and tigers. It also has a very big aquarium which is one of the world's oldest aquariums.

Test yourself!

1. **Say what it is.**
   Fill in the names of the attractions.
   a) There are lots of exotic animals.
   _____

   b) Perhaps, a monster lives in it.
   _____

Inhaltsfeld „Landeskundliche Aspekte"

c) It is more than 200 meters deep.
_____

d) It's made of stone and very old.
_____

e) You can see fish and penguins there.
_____

2. **Info and facts.**
   Fill in the missing information about the sights.

   a) Stonehenge is 4500 years old. This time is called the _____ Age. The stones are very big and they stand in a _____.

   b) Loch Ness is the biggest lake in _____ which is part of Great Britain. Some people think there is a monster. The monster's name is _____ .

   c) If you want to go to London Zoo by underground, you have to go to _____ station. The underground in London is called the _____ .

Inhaltsfeld „Landeskundliche Aspekte"

Dreifach differenzierte Aufgabenkarten

 Erstellt in der Gruppe einen Erklärfilm zu einer Sehenswürdigkeit.

Sucht euch Stonehenge, Loch Ness oder London Zoo aus und stellt die gewählte Sehenswürdigkeit vor.

Tipps:
- Findet die Sehenswürdigkeit auf der Karte.
- Beschreibt die nähere Umgebung.
- Gebt Informationen zur Sehenswürdigkeit.

Benutzt hierzu die im Material bereitgestellten Bilder. Ihr dürft auch die Beispielsätze aus den Aufgaben verwenden.

 Erstellt in der Gruppe einen Erklärfilm zu einer Sehenswürdigkeit.

Sucht euch Stonehenge, Loch Ness oder London Zoo aus oder wählt eine eigene Sehenswürdigkeit, zu der ihr Informationen findet. Stellt die gewählte Sehenswürdigkeit vor.

Tipps:
- Findet die Sehenswürdigkeit auf der Karte.
- Beschreibt die nähere Umgebung.
- Findet zusätzliche eigene Informationen.
- Beschreibt mögliche Aktivitäten.

Benutzt hierzu die im Material bereitgestellten Bilder. Ihr dürft auch die Beispielsätze aus den Aufgaben verwenden.

   Erstellt in der Gruppe einen Erklärfilm zu einer Sehenswürdigkeit.

Sucht euch eine eigene Sehenswürdigkeit aus, zu der ihr Informationen recherchiert. Stellt die gewählte Sehenswürdigkeit vor. Ihr könnt euch dabei an den Beispielen orientieren.

Tipps:
- Findet die Sehenswürdigkeit auf der Karte.
- Beschreibt die nähere Umgebung.
- Findet wichtige Informationen.
- Beschreibt mögliche Aktivitäten.

Recherchiert hierzu nach passenden Bildern im Internet. Ihr dürft auch die Beispielsätze aus den Aufgaben verwenden.

# Inhaltsfeld „Landeskundliche Aspekte"

Bildvorlagen

Inhaltsfeld „Landeskundliche Aspekte"

Lösungen

1. **Say what it is.**

   Fill in the names of the attractions.
   a) There are lots of exotic animals. **London Zoo**
   b) Perhaps, a monster lives in it. **Loch Ness**
   c) It is more than 200 meters deep. **Loch Ness**
   d) It's made of stone and very old. **Stonehenge**
   e) You can see fish and penguins there. **London Zoo**

2. **Info and facts.**

   Fill in the missing information about the sights.
   a) Stonehenge is 4500 years old. This time is called the **Bronze** Age. The stones are very big and they stand in a **circle**.
   b) Loch Ness is the biggest lake in **Scotland** which is part of Great Britain. Some people think there is a monster. The monster's name is **Nessie**.
   c) If you want to go to London Zoo by underground, you have to go to **Camden Town** station. The underground in London is called the **tube**.

 **Inhaltsfeld „Landeskundliche Aspekte"**

Geography and landscape

Ziele
Die Lernenden können
- *Great Britain*, *United Kingdom* und *England* unterscheiden.
- die Hauptstädte der einzelnen Länder zuordnen.
- unterschiedliche Regionen landschaftlich und klimatisch beschreiben (differenziert).
- Aktivitäten in verschiedenen Landesteilen vorstellen.
- eine blinde Karte beschriften und zur Darstellung nutzen.
- üben und vertiefen, ein Erklärvideo technisch zu erstellen.
- Absprachen in der Gruppe treffen (Sozialziel).

Durchführung und Organisation
Die Aufgabenstellung ist geeignet, landeskundliche Aspekte, die trotz ihrer Relevanz oft nur unzureichend behandelt werden, zu erfassen. Durch die Informationen zu *Great Britain*, *United Kindom* und *England* werden die Unterschiede betont. Im Jahrgang 5/6, aber auch in späteren Schuljahren kann das Erklärvideo zudem mit Schwerpunkten auf unterschiedlichen Regionen/Landesteilen bearbeitet werden.

Voraussetzung hierfür ist, dass die Schülerinnen und Schüler entsprechenden Wortschatz und Redemittel in Ansätzen beherrschen. Vokabular und benötigte sprachliche Strukturen werden durch das Material für die Minimalanforderung vorentlastet.

Sollten die Schülerinnen und Schüler bereits die technische Umsetzung eines Erklärfilms beherrschen, beträgt die Zeitspanne für Vorbereitung, Durchführung, Präsentation und Evaluation je nach Leistungsstärke der Lerngruppe zwei bis drei Schulstunden.

Benötigtes Material
Für die Erstellung des Erklärvideos können den Schülerinnen und Schülern folgende Materialien zur Verfügung gestellt werden:
- Arbeitsblatt mit landeskundlichen Informationen
- Aufgaben zur Sicherstellung des Verständnisses
- der qualitativ dreifach differenzierte Arbeitsauftrag
- blinde Landkarte zur Darstellung von Great Britain, United Kingdom und England
- Wortkarten mit Landesteilen und Hauptstädten zur Illustration der Karte
- Schulbuch/Internet
- Drehbuchvorlage zur Erstellung des Drehbuchs
- Rollenverteilungskarten

Optionales Material
- Beispiele für gelungene Erklärvideos und Hinweise, wie man Erklärfilme mit Stop-Motion erstellen kann
- leere DIN-A4- bzw. DIN-A3-Blätter
- bunte Stifte, dicke Filzstifte
- Atlanten, Lehrwerk
- eigene Materialien der Schülerinnen und Schüler, etwa Prospekte, Bilder etc.

Inhaltsfeld „Landeskundliche Aspekte"

Worksheet Geography and landscape

1. England, Great Britain and the United Kingdom
Sometimes it's tricky ... Often, people say England when they talk about Great Britain. But England is only England. Great Britain is: England, Scotland and Wales. The United Kingdom is England, Scotland, Wales and Northern Ireland. Ireland is a separate island. Only the north is part of the United Kingdom.

2. Climate
Many people think that it always rains in Great Britain. But that's not true. There are areas which have very mild climate and lots of sun. For example, Brighton and the Isle of Wight are popular places for beach holidays in summer. The Channel Islands have a very pleasant climate. It never gets too cold or too hot there. Summers are mostly warm and winters are mild.
Of course, there are other places with colder weather. The Scottish Highlands for example are cool, damp and cloudy, and the weather changes a lot. The Highlands have short winter days and very long summer evenings. Temperatures can be extreme, with around -20 °C in winter and up to 31 °C in summer.

3. Landmarks and landscapes
Great Britain has many natural landmarks worth a visit. The White Cliffs of Dover, for example, are very famous. They are over 8 miles (13 km) long and more than 350 feet (110 m) high. You can see them when you arrive in England by ship or you can take a walk on top of the cliffs.
Somerset's Cheddar Gorge is another fantastic landmark. It is the biggest gorge in Great Britain. It is over a million years old and up to 137 m deep. The area around the gorge is beautiful with lots of green. You can take long walks, go rock climbing and visit underground caves.
If you like mountains and snow, Glenshee is the place to go! Glenshee is in Scotland. It is the biggest ski resort in Great Britain.

Inhaltsfeld „Landeskundliche Aspekte"

Test yourself!

1. **England, Great Britain or the United Kingdom?**

   Fill in the correct parts.

   a) England: _____

   b) Great Britain: _____

   c) United Kingdom: _____

2. **Climate and landscapes.**

   Name the places in the pictures.

   _____

   _____

   _____

   _____

Inhaltsfeld „Landeskundliche Aspekte"

Dreifach differenzierte Aufgabenkarten

 Erstellt in der Gruppe einen Erklärfilm zum United Kingdom.

 Stellt in eurem Film dar, welche Teile zum United Kingdom gehören.

Tipps:
- Markiert die einzelnen Landesteile auf einer Karte.
- Stellt die Hauptstädte vor.
- Beschreibt zwei Landschaften oder Natur-Sehenswürdigkeiten.

Benutzt hierzu das bereitgestellte Material, z. B. die Landkarte und die Bilder. Ihr dürft auch Beispiele aus den Aufgaben verwenden.

  Erstellt in der Gruppe einen Erklärfilm zum United Kingdom und zu Great Britain.

 Stellt in eurem Film dar, welche Teile zum United Kingdom und welche zu Great Britain gehören.

Tipps:
- Markiert die einzelnen Landesteile auf einer Karte.
- Hebt den Unterschied zwischen dem United Kingdom und Great Britain hervor.
- Stellt die Hauptstädte vor.
- Beschreibt zwei Landschaften oder Natur-Sehenswürdigkeiten.

Benutzt hierzu das bereitgestellte Material, z. B. die Landkarte und die Bilder. Ihr dürft auch Beispiele aus den Aufgaben verwenden.

  Erstellt in der Gruppe einen Erklärfilm zum United Kingdom und zu Great Britain.

 Stellt in eurem Film dar, welche Teile zum United Kingdom und welche zu Great Britain gehören.

Tipps:
- Markiert die einzelnen Landesteile auf einer Karte.
- Hebt den Unterschied zwischen United Kingdom und Great Britain hervor.
- Stellt die Hauptstädte vor.
- Beschreibt zwei Landschaften oder Natur-Sehenswürdigkeiten.
- Findet weitere interessante Informationen.

Benutzt hierzu das bereitgestellte Material, z. B. die Landkarte und die Bilder. Ihr dürft auch Beispiele aus den Aufgaben verwenden.

Inhaltsfeld „Landeskundliche Aspekte"

Bildvorlagen und Redemittel

| ✂ **England** | ✂ **Scotland** | ✂ **Wales** |

| ✂ **Northern Ireland** | ✂ **Ireland** | ✂ **Edinburgh** |

| ✂ **Belfast** | ✂ **Dublin** | ✂ **Cardiff** | ✂ **London** |

Inhaltsfeld „Landeskundliche Aspekte"

Lösungen

1. **England, Great Britain or the United Kingdom?**
   Fill in the correct parts.
   a) England: **England**
   b) Great Britain: **England, Scotland, Wales**
   c) United Kingdom: **England, Scotland, Wales, Northern Ireland**

2. **Climate and landscapes.**
   Name the places in the pictures.

      **Glenshee**

      **Channel Islands**

      **Highlands**

      **Brighton**

 **Inhaltsfeld „Grammatik Basiswissen"**

Simple Present

Ziele
Die Lernenden können
- positive und negative Aussagesätze im Simple Present bilden.
- erkennen, dass das Simple Present für regelmäßige Handlungen sowie Tatsachenbeschreibungen Verwendung findet.
- Signalwörter für den Einsatz von Simple Present erkennen, wie z. B. *always, sometimes, never* …
- die Verbform bei *he, she* oder *it* anpassen.
- bereitgestelltes Vokabular und Symbole nutzen.
- üben und vertiefen, ein Erklärvideo technisch zu erstellen.
- Absprachen in der Gruppe treffen (Sozialziel).

Durchführung und Organisation
Die Aufgabenstellung kann zum Abschluss der Thematik Simple Present ab dem Jahrgang 5, aber auch in späteren Schuljahren zur Wiederholung bearbeitet werden.
Voraussetzung hierfür ist, dass die Schülerinnen und Schüler entsprechenden Wortschatz und Redemittel beherrschen. Vokabular und benötigte sprachliche Strukturen werden durch das Material für die Minimalanforderung vorentlastet, wobei hier auf eine eventuelle thematische Einbettung oder das Einbringen eigener Beispiele verzichtet wird.
Sollten die Schülerinnen und Schüler bereits die technische Umsetzung eines Erklärfilms beherrschen, beträgt die Zeitspanne für Vorbereitung, Durchführung, Präsentation und Evaluation je nach Leistungsstärke der Lerngruppe zwei bis drei Schulstunden.

Benötigtes Material
Für die Erstellung des Erklärvideos können den Schülerinnen und Schülern folgende Materialien zur Verfügung gestellt werden:
- Arbeitsblatt mit Erklärungen und Beispielsätzen
- Aufgaben zur Sicherstellung des Verständnisses
- der qualitativ dreifach differenzierte Arbeitsauftrag
- Beschreibungen von Situationen im Simple Present
- Wortkarten mit Signalwörtern zur Verdeutlichung der entstandenen Sätze
- Hervorhebung der Veränderungen von *I, you, we, you* und *they* zu *he, she* und *it* durch Pfeilsymbole
- Beispielsätze zur Vervollständigung und Verdeutlichung
- Drehbuchvorlage zur Erstellung des Drehbuchs
- Rollenverteilungskarten

Optionales Material
- Beispiele für gelungene Erklärvideos und Hinweise, wie man Erklärfilme mit Stop-Motion erstellen kann
- linierte DIN-A4-Blätter als Hilfe zum Beschreiben bzw. leere DIN-A4- oder DIN-A3-Blätter
- Filzstifte, Textmarker (zum Hervorheben der Verben)
- Bildmaterial zur Illustration der Beispielsätze

Inhaltsfeld „Grammatik Basiswissen"

Worksheet Simple Present

Das Simple Present entspricht dem Präsens im Deutschen. Es wird mit der ersten Verbform gebildet. Es wird für zwei verschiedene Situationen verwendet:

1. Beschreibung von regelmäßigen Handlungen

Man verwendet das Simple Present, wenn etwas regelmäßig passiert oder getan wird. Regelmäßig meint dabei aber nicht nur „jeden Donnerstag" oder „jede Woche", sondern auch z. B. manchmal, selten oder nie. Beispiele:

    I play football every Monday.
    I often eat pizza with my family.
    We never forget to do our homework.

2. Beschreibung von Tatsachen

Wenn Tatsachen oder Fakten beschrieben werden, wird ebenfalls das Simple Present verwendet. Beispiele:

    Tom is a boy.
    Earth is round.

Vorsicht: He/she/it – das -s muss mit!

Bei he, she oder it verändert sich das Verb. Meist wird einfach ein -s angehängt. Z. B. „He plays football every Saturday". Es gibt aber einige Ausnahmen. So wird „do" zu „does", „have" zu „has" oder „fly" zu „flies".

3. Verneinungen

Negative Aussagesätze (Verneinungen) werden mit „don't" bzw. „doesn't" gebildet. Das Verb verbleibt danach in der Grundform. Beispiele:

    I don't like mushrooms on my pizza.
    Tom doesn't eat onions.

 **Inhaltsfeld „Grammatik Basiswissen"**

Test yourself!

1. Say what happens often, sometimes, never ...

Fill in the correct form of the verbs.

I _____ (go) to the swimming pool every week.

Jane _____ (feed) her hamster every morning before school.

We never _____ (arrive) late for dance class.

My mum often _____ (tell) me to tidy up my room.

I _____ (not like) Math tests.

Luke _____ (not swim) well.

2. Statements and facts.

Fill in the correct form of the verbs given: be, flow, freeze, not be.

The sky _____ blue.

The Nile _____ through Egypt.

Water _____ at 0 degrees.

Hollywood _____ in Germany.

Inhaltsfeld „Grammatik Basiswissen"

Dreifach differenzierte Aufgabenkarten

 Erstellt in der Gruppe einen Erklärfilm zum Simple Present.

 Erklärt, wann und wie man im Englischen das Simple Present verwendet. Erklärt dabei auch die Besonderheiten bei *he*, *she* und *it*.

Gebt jeweils ein Beispiel für:
- regelmäßige Handlungen mit Signalwörtern wie *sometimes*, *often*, *never* …
- Tatsachen / Fakten
- *he*, *she* oder *it*

Benutzt hierzu die im Material bereitgestellten Bilder und Satzanfänge. Ihr dürft auch die Beispielsätze aus den Aufgaben verwenden.

 Erstellt in der Gruppe einen Erklärfilm zum Simple Present.

 Erklärt, wann und wie man im Englischen das Simple Present verwendet. Erklärt dabei auch die Besonderheiten bei *he*, *she* und *it*.

Gebt jeweils ein Beispiel für:
- regelmäßige Handlungen mit Signalwörtern wie *sometimes*, *often*, *never* …
- Tatsachen / Fakten
- *he*, *she* oder *it*

Formuliert eigene Beispielsätze. Ihr dürft die im Material bereitgestellten Satzanfänge und Bilder verwenden.

  Erstellt in der Gruppe einen Erklärfilm zum Simple Present.

 Erklärt, wann und wie man im Englischen das Simple Present verwendet. Erklärt dabei auch die Besonderheiten bei *he*, *she* und *it* sowie die Bildung von negativen Aussagesätzen (Verneinungen).

Gebt jeweils ein Beispiel für:
- regelmäßige Handlungen mit Signalwörtern wie *sometimes*, *often*, *never* …
- Tatsachen / Fakten
- *he*, *she* oder *it*
- Verneinungen

Formuliert eigene Beispielsätze. Ihr dürft die im Material bereitgestellten Satzanfänge und Bilder verwenden.

Inhaltsfeld „Grammatik Basiswissen"

Bildvorlagen und Redemittel

| X | he | she | it |

| do → _____ | have → _____ |

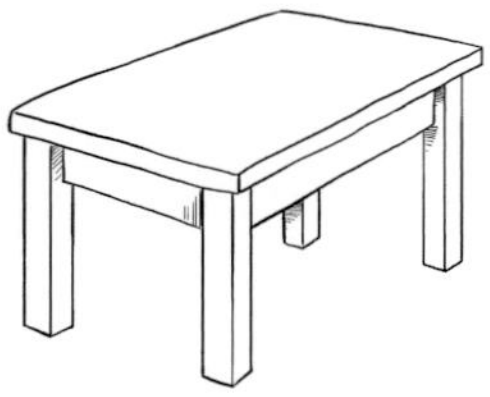

don't → _____

haven't → _____

I drive → she _____

we don't → she _____

I don't like → he _____

_____

| always | never | every Sunday |

| _____ | _____ | _____ |

28 © PERSEN Verlag

Inhaltsfeld „Grammatik Basiswissen"

Lösungen

1. Say what happens often, sometimes, never ...

Fill in the correct form of the verbs.

I **go** (go) to the swimming pool every week.
Jane **feeds** (feed) her hamster every morning before school.
We never **arrive** (arrive) late for dance class.
My mum often **tells** (tell) me to tidy up my room.
I **don't like** (not like) Math tests.
Luke **doesn't swim** (not swim) well.

2. Statements and facts.

Fill in the correct form of the verbs given: be, flow, freeze, not be

The sky **is** blue.
The Nile **flows** through Egypt.
Water **freezes** at 0 degrees.
Hollywood **is not** in Germany.

Inhaltsfeld „Grammatik Basiswissen"

Present Progressive

Ziele
Die Lernenden können
- das Present Progressive erkennen und selbstständig bilden.
- das Hilfsverb *be* an die Personalpronomen anpassen.
- die Funktion des Present Progressive nachvollziehen.
- verneinte Aussagesätze im Present Progressive bilden.
- Fragen im Present Progressive bilden.
- Ausnahmen in der Schreibweise bestimmter Verben erklären.
- Signalwörter für die Verwendung des Present Progressive erkennen und verwenden.
- bereitgestelltes Vokabular nutzen.
- üben und vertiefen, ein Erklärvideo technisch zu erstellen.
- Absprachen in der Gruppe treffen (Sozialziel).

Durchführung und Organisation
Die Aufgabenstellung kann zum Abschluss der Thematik Present Progressive im Jahrgang 5/6 oder in späteren Schuljahren zur Wiederholung bearbeitet werden.
Voraussetzung hierfür ist, dass die Lernenden entsprechenden Wortschatz und Redemittel zur Erstellung des Erklärvideos in Ansätzen beherrschen. Ausgewähltes Vokabular und benötigte sprachliche Strukturen werden durch das Material nur für die Minimalanforderung vorentlastet. Sollten die Schülerinnen und Schüler bereits die technische Umsetzung eines Erklärfilms beherrschen, beträgt die Zeitspanne für Vorbereitung, Durchführung, Präsentation und Evaluation je nach Leistungsstärke der Lerngruppe zwei bis drei Schulstunden.

Benötigtes Material
Als Hilfe für die Erstellung des Erklärvideos sollten den Schülerinnen und Schülern folgende Materialien zur Verfügung gestellt werden:
- Arbeitsblatt mit Erklärungen und Beispielsätzen
- Aufgaben zur Sicherstellung des Verständnisses
- der qualitativ dreifach differenzierte Arbeitsauftrag
- Beschreibungen zur Verwendung des Present Progressive werden mit vorentlastetem Material erstellt: Illustrationen dienen dazu, die Verwendung und Bildung des Present Progressive zu verdeutlichen
- vorgegebene Personalpronomen und
- vorgegebene Signalwörter in positiven Aussagesätzen und in negativen Aussagesätzen
- Sprech- und Gedankenblasen zum Verweis auf Vergangenes
- Symbole
- Drehbuchvorlage zur Erstellung des Drehbuchs
- Rollenverteilungskarten

Optionales Material
- Beispiele für gelungene Erklärvideos und Hinweise, wie man Erklärfilme mit Stop-Motion erstellen kann
- linierte Blätter zum Schreiben eigener Sätze, leere DIN-A4- bzw. DIN-A3-Blätter
- Filzstifte, Textmarker, Klebstoff
- zusätzliches Bildmaterial

Inhaltsfeld „Grammatik Basiswissen"

Worksheet Present Progressive

Das Present Progressive ist die Verlaufsform der Gegenwart. Sie drückt im Englischen Handlungen aus, die im Moment des Sprechens gerade passieren bzw. andauern. Diese Zeitform gibt es im Deutschen nicht. Wir verwenden dann Formulierungen wie „Ich bin gerade dabei, meine Hausaufgaben zu erledigen."

1. Bildung des Present Progressive

Das Present Progressive wird gebildet, indem man vor das Verb das Hilfsverb „be" setzt und an das Verb in seiner Grundform die Endung -ing anhängt. Je nachdem, von welcher Person die Rede ist, bildet man das Present Progressive also mit:

<u>am/is/are + Infinitiv + -ing</u>

Beispiele: I am doing my homework.
　　　　　　We are playing a game at the moment.

2. Verneinung

Bei Verneinungen wird ein „not" zwischen Hilfsverb und Verb gesetzt.
Beispiele: I am not watching TV now.
　　　　　　They are not playing games right now.

3. Fragen

Bei Fragen im Present Progressive muss, wie in anderen Zeitformen auch, die Satzstellung verändert werden. Das Hilfsverb rückt vor das Subjekt.
Beispiele: Are you doing your homework?
　　　　　　Is she cleaning up her room now?

4. Besonderheiten

Beim Anhängen des -ing gibt es einige Besonderheiten in der Schreibweise:
- Ein -e am Ende eines Verbs fällt weg (come – coming).
- Ein Endkonsonant nach kurzem, betontem Vokal wird verdoppelt (sit – sitting).
- Ein -l als Endkonsonant wird verdoppelt (travel – travelling).
- Ein -ie am Wortende wird zu -y (lie – lying).

Signalwörter

at the moment, right now, now, just now, Look!, Listen!

Inhaltsfeld „Grammatik Basiswissen"

> **Test yourself!**
>
> **1. Say what is happening.**
>
> *Fill in the present progressive.*
>
> My mum _____ (do) the dishes at the moment.
>
> My parents and I _____ (watch) a film together right now.
>
> Oh look! The dog _____ (run) after the cat!
>
> I can't talk to you at the moment. I _____ (take) a shower.
>
> **2. Ask questions and say what isn't happening.**
>
> *Fill in the negative form of the present progressive.*
>
> _____ you _____ (prepare) breakfast?
>
> No. I _____ (not prepare) breakfast. I'm not hungry yet.
>
> What _____ Sam _____ (do) at the moment?
>
> I don't know. But he _____ (not listen) to the teacher.
>
> Why _____ Lucy _____ (cry)?
>
> I think she is sad because her computer _____ (not work) correctly.

Inhaltsfeld „Grammatik Basiswissen"

Dreifach differenzierte Aufgabenkarten

 Erstellt in der Gruppe einen Erklärfilm zum Present Progressive.

 Erklärt, wann und wie man im Englischen das Present Progressive verwendet. Erklärt, dass man diese Zeitform nimmt, um Dinge zu beschreiben, die gerade im Moment passieren. Zeigt, wie man diese Zeit bildet (*am*, *is* oder *are* + Verb + *-ing*).

Gebt jeweils ein Beispiel für:
- Sätze mit der ersten Person (*I*)
- Sätze mit der zweiten Person (*you*)
- Sätze im Plural (*we*, *you* oder *they*)
- Signalwörter

Benutzt hierzu die im Material bereitgestellten Bilder und Satzanfänge. Ihr dürft auch die Beispielsätze aus den Aufgaben verwenden.

 Erstellt in der Gruppe einen Erklärfilm zum Present Progressive.

 Erklärt, wann und wie man im Englischen das Present Progressive verwendet. Erklärt, dass man diese Zeitform nimmt, um Dinge zu beschreiben, die gerade im Moment passieren. Zeigt, wie man diese Zeit bildet (*am*, *is* oder *are* + Verb + *-ing*). Zeigt auch, wie man verneinte Sätze bildet.

Gebt jeweils ein Beispiel für:
- Sätze mit der ersten Person (*I*)
- Sätze mit der zweiten Person (*you*)
- Sätze im Plural (*we*, *you* oder *they*)
- Verneinungen
- Signalwörter

Benutzt hierzu die im Material bereitgestellten Bilder und Satzanfänge. Ihr dürft auch die Beispielsätze aus den Aufgaben verwenden.

   Erstellt in der Gruppe einen Erklärfilm zum Present Progressive.

 Erklärt, wann und wie man im Englischen das Present Progressive verwendet. Erklärt, dass man diese Zeitform nimmt, um Dinge zu beschreiben, die gerade im Moment passieren. Zeigt, wie man diese Zeit bildet (*am*, *is* oder *are* + Verb + *-ing*). Zeigt auch, wie man verneinte Sätze und Fragen bildet, und weist auf Besonderheiten hin.

Gebt jeweils ein Beispiel für:
- Aussagesätze mit verschiedenen Personen (*I*, *you*, *he*, *she*, *it* …)
- Verneinungen
- Fragen
- Signalwörter
- Besonderheiten

Benutzt hierzu die im Material bereitgestellten Bilder und Satzanfänge. Ihr dürft auch die Beispielsätze aus den Aufgaben verwenden.

Inhaltsfeld „Grammatik Basiswissen"

Bildvorlagen und Redemittel

They _____ _____ **soccer.**

_____ **she** _____ **her homework?**

The dog _____ _____ .

They _____ _____ .

| at the moment | I'm in the middle of ... |

| just now | Look! ... | right now |

Inhaltsfeld „Grammatik Basiswissen"

| be | am | is | are |

| I | you | he / she / it | we / you / they |

| I
you
he / she / it
we
you
they | → 
+   be   -ing
Verb: _____ |

| -l → -ll | -t → -tt |

| not | X | -e |

| You are ... |  | Are you ...? |

Inhaltsfeld „Grammatik Basiswissen"

Lösungen

1. Say what is happening.

Fill in the present progressive.

My mum **is doing** (do) the dishes at the moment.
My parents and I **are watching** (watch) a film together right now.
Oh look! The dog **is running** (run) after the cat!
I can't talk to you at the moment. **I am taking** (take) a shower.

2. Ask questions and say what isn't happening.

Fill in the negative form of the present progressive.

Are you **preparing** (prepare) breakfast?
No. I **am not preparing** (not prepare) breakfast. I'm not hungry yet.
What **is** Sam **doing** (do) at the moment?
I don't know. But he **is not listening** (not listen) to the teacher.
Why **is** Lucy **crying** (cry)?
I think she is sad because her computer **is not working** (not work) correctly.

Inhaltsfeld „Grammatik Basiswissen"

Simple Past

Ziele
Die Lernenden können
- Beschreibungen von Handlungen in der Vergangenheit machen.
- regelmäßige Verben in die Vergangenheitsform setzen.
- Ausnahmen in der Schreibweise bestimmter regelmäßiger Verben erklären.
- Signalwörter für die Verwendung des Simple Past erkennen und verwenden.
- verneinte Aussagesätze in der Vergangenheit bilden.
- bereitgestelltes Vokabular nutzen.
- üben und vertiefen, ein Erklärvideo technisch zu erstellen.
- Absprachen in der Gruppe treffen (Sozialziel).

Durchführung und Organisation
Dem Simple Past kommt in jeder Jahrgangsstufe eine zentrale Bedeutung zu. Ab Jahrgang 6 kann diese Zeitform selbstständig von Lernenden mithilfe von Erklärvideos erarbeitet werden. Voraussetzung hierfür ist, dass die Schülerinnen und Schüler die zweite Verbform kennen bzw. eigenständig nachschlagen können. Entsprechender Wortschatz und Redemittel sollten vorentlastet werden, auch wenn benötigte sprachliche Strukturen durch das Material, etwa durch Beispielsätze, für die Minimalanforderung dies bereits sind.
Sollten die Schülerinnen und Schüler die technische Umsetzung eines Erklärfilms schon beherrschen, beträgt die Zeitspanne für Vorbereitung, Durchführung, Präsentation und Evaluation je nach Leistungsstärke der Lerngruppe eine bis zwei Schulstunden.

Benötigtes Material
Für die Erstellung des Erklärvideos können den Schülerinnen und Schülern folgende Materialien zur Verfügung gestellt werden:
- Arbeitsblatt mit Erklärungen und Beispielsätzen
- Aufgaben zur Sicherstellung des Verständnisses
- der qualitativ dreifach differenzierte Arbeitsauftrag
- Beschreibungen zur Verwendung des Simple Past werden mit vorentlastetem Material erstellt: in positiven Aussagesätzen und in negativen Aussagesätzen.
- Sprech- und Gedankenblasen zum Verweis auf Vergangenes
- ein Notizzettel zur Verdeutlichung der zweiten Verbform und Ausnahmen bei der Bildung
- Drehbuchvorlage zur Erstellung des Drehbuchs
- Rollenverteilungskarten

Optionales Material
- Beispiele für gelungene Erklärvideos und Hinweise, wie man Erklärfilme mit Stop-Motion erstellen kann
- Schere zum Ausschneiden von Satzstreifen
- Klebepunkte und Markierungspunkte
- leere DIN-A4- bzw. DIN-A3-Blätter
- Buntstifte, Textmarker

Inhaltsfeld „Grammatik Basiswissen"

Worksheet Simple Past

Das Simple Past entspricht dem Präteritum im Deutschen. Es drückt Handlungen in der Vergangenheit aus, die vorbei und abgeschlossen sind. Es wird grundsätzlich mit der zweiten Verbform gebildet. Allerdings gibt es regelmäßige und unregelmäßige Verben.

1. Bildung des Simple Past bei regelmäßigen Verben

Bei regelmäßigen Verben wird an die Grundform des Verbs einfach -ed angehängt. Z. B. walk – walked, play – played

Es gibt aber einige Besonderheiten in der Schreibweise:

- Wenn ein Wort auf -e endet, hängt man nur ein -d an: z. B. love – loved, like – liked.
- Endkonsonanten nach Vokalen werden verdoppelt: z. B. travel – travelled, stop – stopped.
- Endet ein Verb mit einem Konsonanten und -y, schreibt man die zweite Verbform mit -ie: z. B. try – tried, cry – cried.

2. Bildung des Simple Past bei unregelmäßigen Verben

Bei unregelmäßigen Verben gibt es keine Regel für die Bildung der zweiten Verbform. Sie müssen leider auswendig gelernt werden!

3. Verneinungen

Da man im Englischen die meisten Vollverben (außer z. B. „be" oder „can") nicht verneinen kann, bildet man Verneinungen im Simple Past mit dem Hilfsverb „did not" bzw. der Kurzform „didn't". Danach steht das Verb im Infinitiv, z. B. I did not do my homework yesterday.

Signalwörter

last year, last night, last ..., yesterday, two weeks ago, one year ago, ... ago, in 2020, once, ...

Inhaltsfeld „Grammatik Basiswissen"

Test yourself!

1. Say what happened.

Fill in the correct form of the verbs.

a) I _____ (go) to the swimming pool last week.

b) My parents and I _____ (visit) my aunt last weekend.

c) We _____ (travel) to Spain by car last summer.

d) Yesterday, my little brother _____ (drop) his ice cream and _____ (cry).

e) My friend Sam _____ (buy) me a nice present for my birthday two weeks ago.

2. Say what didn't happen.

Fill in the correct form of the verbs.

a) I _____ (not tidy) my room yesterday.

b) We _____ (not can) be on time for school because the bus was late.

c) Sue _____ (not feel) well last night. She had a stomach ache.

d) My mum _____ (not want) to buy me a new smartphone.

e) When I was a little child, I _____ (not eat) spinach. Now I love it.

Inhaltsfeld „Grammatik Basiswissen"

Dreifach differenzierte Aufgabenkarten

Erstellt in der Gruppe einen Erklärfilm zum Simple Past.

> Erklärt, wann und wie man im Englischen das Simple Past verwendet. Zeigt, dass an regelmäßige Verben -ed angehängt wird und unregelmäßige Verben auswendig gelernt werden müssen.
>
> **Gebt jeweils ein Beispiel für:**
> - regelmäßige Verben
> - unregelmäßige Verben
> - Signalwörter
>
> Benutzt hierzu die im Material bereitgestellten Bilder und Satzanfänge. Ihr dürft auch die Beispielsätze aus den Aufgaben verwenden.

Erstellt in der Gruppe einen Erklärfilm zum Simple Past.

> Erklärt, wann und wie man im Englischen das Simple Past verwendet. Zeigt, dass an regelmäßige Verben -ed angehängt wird und unregelmäßige Verben auswendig gelernt werden müssen. Geht auf die Ausnahmen bei der Schreibweise von bestimmten Verben ein.
>
> **Gebt jeweils ein Beispiel für:**
> - regelmäßige Verben
> - unregelmäßige Verben
> - Signalwörter
> - Ausnahmen in der Schreibweise
>
> Benutzt hierzu die im Material bereitgestellten Bilder und Satzanfänge. Ihr dürft auch die Beispielsätze aus den Aufgaben verwenden.

Erstellt in der Gruppe einen Erklärfilm zum Simple Past.

> Erklärt, wann und wie man im Englischen das Simple Past verwendet. Zeigt, dass an regelmäßige Verben -ed angehängt wird und unregelmäßige Verben auswendig gelernt werden müssen. Geht auf die Ausnahmen bei der Schreibweise von bestimmten Verben und die Verneinung ein.
>
> **Gebt jeweils ein Beispiel für:**
> - regelmäßige Verben
> - unregelmäßige Verben
> - Signalwörter
> - Ausnahmen in der Schreibweise
> - Verneinungen
>
> Benutzt hierzu die im Material bereitgestellten Bilder und Satzanfänge. Ihr dürft auch die Beispielsätze aus den Aufgaben verwenden.

Inhaltsfeld „Grammatik Basiswissen"

Bildvorlagen und Redemittel

| talk → talked | swim → _____ |

| _____ → _____ | _____ → _____ |

| go → didn't go | do _____ → _____ |

_____ → _____

_____ → _____

| yesterday | last week | in 2019 |

| _____ | _____ | _____ |

Inhaltsfeld „Grammatik Basiswissen"

Lösungen

1. **Say what happened.**

   Fill in the correct form of the verbs.

   a) I **went** (go) to the swimming pool last week.
   b) My parents and I **visited** (visit) my aunt last weekend.
   c) We **travelled** (travel) to Spain by car last summer.
   d) Yesterday, my little brother **dropped** (drop) his ice cream and **cried** (cry).
   e) My friend Sam **bought** (buy) me a nice present for my birthday two weeks ago.

2. **Say what didn't happen.**

   Fill in the correct form of the verbs.

   a) I **didn't tidy** (not tidy) my room yesterday.
   b) We **couldn't** (not can) be on time for school because the bus was late.
   c) Sue **didn't feel** (not feel) well last night. She had a stomach ache.
   d) My mum **didn't want** (not want) to buy me a new smartphone.
   e) When I was a little child, I **didn't eat** (not eat) spinach. Now I love it.

Inhaltsfeld „Grammatik Basiswissen"

Plural

Mehrzahl von Substantiven – Hinweise für Lehrkräfte

Substantive werden im Englischen i. d. R. durch Anhängen eines -s gebildet. Probleme bereiten hauptsächlich die unregelmäßigen Pluralformen. Diese sollten die Schülerinnen und Schüler ebenfalls sicher beherrschen. Erklärfilme sind ein sinnvolles Mittel, um auf schülernahe und ansprechende Art den Umgang mit den Ausnahmen, z. B. in Schreibweise und Aussprache, zu üben.

Ziele

Die Lernenden können
- den regelmäßigen Plural durch Anhängen eines -s bilden.
- besondere Schreibweisen beim Plural von Substantiven mit bestimmten Endungen erklären und beachten.
- Begleit- und Signalwörter des Plurals erkennen und verwenden.
- unregelmäßige Pluralbildungen erklären und Beispiele benennen.
- bereitgestelltes Vokabular nutzen.
- üben und vertiefen, ein Erklärvideo technisch zu erstellen.
- Absprachen in der Gruppe treffen (Sozialziel).

Durchführung und Organisation

Die Aufgabenstellung kann zum Abschluss der Thematik Plural im Jahrgang 5/6 oder in späteren Schuljahren zur Wiederholung bearbeitet werden. Vokabular und benötigte sprachliche Strukturen werden durch das Material für die Minimalanforderung vorentlastet, jedoch sollten die Schülerinnen und Schüler den Grundwortschatz bereits kennen.

Beherrschen sie schon die technische Umsetzung eines Erklärfilms, beträgt die Zeitspanne für Vorbereitung, Durchführung, Präsentation und Evaluation je nach Leistungsstärke der Lerngruppe zwei bis drei Schulstunden.

Benötigtes Material

- Arbeitsblatt mit Erklärungen und Beispielsätzen
- Aufgaben zur Sicherstellung des Verständnisses
- der qualitativ dreifach differenzierte Arbeitsauftrag
- Beschreibungen zur Bildung des Plurals werden mit vorentlastetem Material erstellt: Illustrationen, um Singular und Plural mit Beispielen zu visualisieren, Verdeutlichung von Ausnahmen in der Schreibweise bei Wörtern mit bestimmten Endungen.
- Illustrationen zu den Signalwörtern *lots of*, *a couple* und *several*
- Blankokarten, um weitere Signalwörter zu finden und zu illustrieren
- Drehbuchvorlage zur Erstellung des Drehbuchs
- Rollenverteilungskarten

Optionales Material

- Beispiele für gelungene Erklärvideos und Hinweise, wie man Erklärfilme mit Stop-Motion erstellen kann
- Karton, leere DIN-A4- bzw. DIN-A3-Blätter, Filzstifte, Textmarker
- eigene Gegenstände der Schüler und Schülerinnen in Einzahl und Mehrzahl

Inhaltsfeld „Grammatik Basiswissen"

Worksheet Plural

Die Mehrzahl von Substantiven (Nomen) bildet man im Englischen meistens ganz einfach, indem man ein -s an das Wortende anhängt.

    Beispiele: one house – two houses   a dog – two dogs   a girl – two girls

1. Änderungen der Schreibweise

Es gibt einige Substantive, bei denen die Schreibweise im Plural angepasst werden muss:

- Wenn Substantive auf -y enden und ein Konsonant vor dem -y steht, wird das -y zu -ie.
  Beispiel: a cherry – two cherries
- Wenn Substantive auf -f oder -fe enden, wird daraus im Plural meist -ves.
  Beispiel: a shelf – two shelves
- Wenn Substantive auf Zischlaute wie -sh, -s, -ss oder -x enden, wird im Plural -es angehängt.
  Beispiel: a box – two boxes

2. Unregelmäßige Pluralformen

Es gibt einige Substantive, bei denen der Plural keiner Regel folgt.

    Beispiele:
- one man – two men
- one foot – two feet
- a mouse – two mice
- a tooth – two teeth
- a child – two children
- one woman – two women
- one fish – two fish
- a person – two people
- a sheep – two sheep
- a goose – two geese

Signalwörter

Der Plural wird nicht immer mit einer Zahl verbunden. Auch Wörter wie z. B. „many", „several", „lots of", „some", „a few" oder „all" zeigen an, dass das damit verbundene Substantiv im Plural stehen muss.

Inhaltsfeld „Grammatik Basiswissen"

1. One or more?

Fill in the plural of the nouns.

student – _____ desk – _____ cat – _____

pencil – _____ boy – _____ mouse – _____

knife – _____ cherry – _____ city – _____

fish – _____ tooth – _____ sandwich – _____

2. Find the plural forms.

Fill in the plural forms of the nouns.

My friend Paula has three _____ (cat).

For my next birthday I want to get a lot of new _____ (game).

I love strawberry ice cream. And I also love eating fresh _____ (strawberry).

Tim's mother has three different _____ (watch).

My aunt has an aquarium with many colourful _____ (fish).

Greece has lots of beautiful _____ (beach).

If you don't want to have a tooth ache you have to always brush your _____ (tooth).

Test yourself!

Inhaltsfeld „Grammatik Basiswissen"

Dreifach differenzierte Aufgabenkarten

Erstellt in der Gruppe einen Erklärfilm zum Plural im Englischen.

Erklärt, wann und wie man im Englischen den Plural verwendet. Zeigt, dass meistens nur ein -s an das Substantiv angehängt werden muss. Verdeutlicht dann, dass bei einigen Substantiven die Schreibweise angepasst werden muss (z. B. -y wird zu -ie).

Gebt jeweils ein Beispiel für:
- Pluralbildung bei Substantiven mit der Endung -y
- Pluralbildung bei Substantiven mit der Endung -f oder -fe
- einfache Pluralbildung
- Pluralbildung bei Substantiven mit Zischlauten am Ende (z. B. -sh, -x)

Benutzt hierzu die im Material bereitgestellten Bilder und Satzanfänge. Ihr dürft auch die Beispielsätze aus den Aufgaben verwenden.

Erstellt in der Gruppe einen Erklärfilm zum Plural im Englischen.

Erklärt, wann und wie man im Englischen den Plural verwendet. Zeigt, dass meistens nur ein -s an das Substantiv angehängt wird, bei einigen Substantiven jedoch die Schreibweise angepasst werden muss (z. B. -y wird zu -ie). Erklärt außerdem, dass es auch unregelmäßige Pluralformen gibt, und nennt Beispiele.

Gebt jeweils ein Beispiel für:
- Pluralbildung bei Substantiven mit der Endung -y, -f, -fe, -sh, -x …
- einfache Pluralbildung
- unregelmäßige Pluralbildung

Benutzt hierzu die im Material bereitgestellten Bilder und Satzanfänge. Ihr dürft die Beispielsätze aus den Aufgaben verwenden, könnt euch aber auch eigene Sätze ausdenken.

Erstellt in der Gruppe einen Erklärfilm zum Plural im Englischen.

Erklärt, wann und wie man im Englischen den Plural verwendet. Zeigt, dass meist nur ein -s an das Substantiv angehängt wird, bei einigen Substantiven jedoch die Schreibweise angepasst werden muss (z. B. -y wird zu -ie). Verdeutlicht dann, dass es auch unregelmäßige Pluralformen gibt, und nennt Beispiele. Erwähnt die Signalwörter.

Gebt jeweils ein Beispiel für:
- einfache Pluralbildung
- Pluralbildung bei Substantiven mit der Endung -y, -f, -fe, -sh, -x …
- unregelmäßige Pluralbildung
- Signalwörter

Benutzt hierzu die im Material bereitgestellten Bilder und Satzanfänge. Ihr dürft die Beispielsätze aus den Aufgaben verwenden oder euch eigene Sätze ausdenken.

Inhaltsfeld „Grammatik Basiswissen"

Bildvorlagen und Redemittel

one person → two _____

one woman → two _____

47

Inhaltsfeld „Grammatik Basiswissen"

| lots of … | a couple of … |

| several … | _____ |

48

Inhaltsfeld „Grammatik Basiswissen"

Lösungen

1. **One or more?**

   Fill in the plural of the nouns.

   student – **students**   desk – **desks**   cat   – **cats**
   pencil – **pencils**   boy – **boys**   mouse   – **mice**
   knife   – **knives**   cherry – **cherries** city   – **cities**
   fish   – **fish**   tooth – **teeth**   sandwich – **sandwiches**

2. **Find the plural forms.**

   Fill in the plural forms of the nouns.

   My friend Paula has three **cats** (cat).
   For my next birthday I want to get a lot of new **games** (game).
   I love strawberry ice cream. And I also love eating fresh **strawberries** (strawberry).
   Tim's mother has three different **watches** (watch).
   My aunt has an aquarium with many colourful **fish** (fish).
   Greece has lots of beautiful **beaches** (beach).
   If you don't want to have a tooth ache you have to always brush your **teeth** (tooth).

Inhaltsfeld „Grammatik Basiswissen"

Some and any

Ziele
Die Lernenden können
- die Verwendung von *some* und *any* beschreiben.
- die Bedeutung der beiden Begriffe im situativen Kontext unterscheiden.
- *some* und *any* in positiven Aussagesätzen, Verneinungen und Fragen anwenden.
- bereitgestelltes Vokabular nutzen.
- üben und vertiefen, ein Erklärvideo technisch zu erstellen.
- Absprachen in der Gruppe treffen (Sozialziel).

Durchführung und Organisation
Die Aufgabenstellung kann zum Abschluss der Thematik *some* und *any* im Jahrgang 5/6 oder in späteren Schuljahren zur Wiederholung bearbeitet werden.

Voraussetzung ist, dass die Schülerinnen und Schüler entsprechenden Wortschatz und Redemittel in Ansätzen beherrschen. Vokabular und benötigte sprachliche Strukturen werden durch das Material für die Minimalanforderung vorentlastet.

Sollten die Schülerinnen und Schüler bereits die technische Umsetzung eines Erklärfilms beherrschen, beträgt die Zeitspanne für Vorbereitung, Durchführung, Präsentation und Evaluation je nach Leistungsstärke der Lerngruppe zwei bis drei Schulstunden.

Benötigtes Material
Für die Erstellung des Erklärvideos können den Schülerinnen und Schülern folgende Materialien zur Verfügung gestellt werden:
- Arbeitsblatt mit Erklärungen und Beispielsätzen
- Aufgaben zur Sicherstellung des Verständnisses
- der qualitativ dreifach differenzierte Arbeitsauftrag:
    - *Some* und *any* müssen mit vollständig vorentlastetem Material beschrieben werden.
    - Die Verwendung von *some* und *any* wird anhand eigener Beispiele beschrieben.
    - Der Erklärfilm soll um die Verwendung von *something* und *anything* erweitert werden.
- Bildvorlagen aus dem Bereich *fruit and vegetables* und zu vervollständigende Beispielsätze (positive Aussagesätze, Verneinungen, Fragen)
- Drehbuchvorlage zur Erstellung des Drehbuchs
- Rollenverteilungskarten

Optionales Material
- Beispiele für gelungene Erklärvideos und Hinweise, wie man Erklärfilme mit Stop-Motion erstellen kann
- leere DIN-A4- bzw. DIN-A3-Blätter
- bunte Stifte
- Gegenstände zur Veranschaulichung, z. B. Äpfel, Karotten …
- zusätzliches Bildmaterial

Inhaltsfeld „Grammatik Basiswissen"

Worksheet Some and any

Some and any
Beide Begriffe werden im Deutschen für unbestimmte Mengen verwendet und bedeuten so viel wie „etwas", „einige" oder „ein paar". Das Wort „any" wird in Verneinungen mit „kein" oder „keine" übersetzt.

Some
Some wird verwendet für:
- positive Aussagen, z. B. I have got some very good games at home.
- höfliche Bitten, z. B. Can you give me some butter, please?
- Angebote, z. B. Would you like some orange juice?

Any
Any wird verwendet für:
- Verneinungen, z. B. I'm sorry, we haven't got any vanilla ice cream today.
- Fragen, z. B. Have you bought any cornflakes?

Test yourself!

1. Mixed sentences

Fill in some or any.

Jason went to the shopping mall with _____ of his friends.

Mr Woolittle doesn't have _____ books.

Have you got _____ brothers or sisters?

Have we got _____ chocolate cake at home?

I think you should give the cat _____ food.

I'm very hungry. I'll have _____ sandwiches. Would you like _____ too?

Inhaltsfeld „Grammatik Basiswissen"

2. At the market

Complete the dialogue.

"Good morning. Can I help you?"

"Good morning. Yes, I would like to buy _____ oranges please."

"I'm sorry. I haven't got _____ oranges today. Would you like _____ apples?"

"No, thank you. I don't want _____ apples. But I'll take _____ bananas."

"Good. Here's _____ bananas."

"Have you got _____ cherries, too?"

"Yes. I have got _____ very tasty cherries. Here you are."

"Thank you. Goodbye."

"Goodbye."

Inhaltsfeld „Grammatik Basiswissen"

Dreifach differenzierte Aufgabenkarten

Erstellt in der Gruppe einen Erklärfilm dazu, wann man *some* und *any* verwendet.

Erklärt die Verwendung von *some* und *any* anhand der vorgegebenen Beispiele für

- positive Aussagen,
- Verneinungen und
- Fragen.

Benutzt dazu die Beispielsätze und ergänzt die Lücken mit *some* oder *any*.

Erstellt in der Gruppe einen Erklärfilm dazu, wann man *some* und *any* verwendet.

Erklärt die Verwendung von *some* und *any* für

- positive Aussagen,
- Verneinungen und
- Fragen.

Formuliert hierzu eigene Beispiele.

Erstellt in der Gruppe einen Erklärfilm dazu, wann man *some* und *any* verwendet.

Erklärt die Verwendung von *some* und *any* für

- positive Aussagen,
- Verneinungen und
- Fragen.

Formuliert hierzu eigene Beispiele.
Findet auch Beispiele für die Verwendung von *something* und *anything*.

Inhaltsfeld „Grammatik Basiswissen"

Bildvorlagen und Redemittel

apples	**beans**	**cherries**
oranges	**carrots**	**bananas**

some	some	some	some

any	any	any

Inhaltsfeld „Grammatik Basiswissen"

Have you got _____ _____

No, I haven't got _____ _____

I would like to buy _____ _____

Yes, I've got _____ _____

Good. I'll take _____ _____

Would you like _____ _____

_____ _____

_____ _____

_____ _____

_____ _____

Inhaltsfeld „Grammatik Basiswissen"

Lösungen

1. **Mixed sentences**

   Fill in some or any.

   Jason went to the shopping mall with **some** of his friends.
   Mr Woolittle doesn't have **any** books.
   Have you got **any** brothers or sisters?
   Have we got **any** chocolate cake at home?
   I think you should give the cat **some** food.
   I'm very hungry. I'll have **some** sandwiches. Would you like **some** too?

2. **At the market**

   Complete the dialogue.

   "Good morning. Can I help you?"
   "Good morning. Yes, I would like to buy **some** oranges please."
   "I'm sorry. I haven't got **any** oranges today. Would you like **some** apples?"
   "No, thank you. I don't want **any** apples. But I'll take **some** bananas."
   "Good. Here's **some** bananas."
   "Have you got **any** cherries, too?"
   "Yes. I have got **some** very tasty cherries. Here you are."
   "Thank you. Goodbye."
   "Goodbye."

Inhaltsfeld „Grammatik Basiswissen"

Adjectives

Ziele
Die Lernenden können
- die Funktion von Adjektiven erkennen.
- Beschreibungen von Personen und Dingen durch Adjektive vornehmen.
- Adjektive korrekt im Satz positionieren.
- mehrere Adjektive in einem Satz aneinanderreihen.
- Fragen mit Adjektiven bilden.
- bereitgestelltes Vokabular nutzen.
- üben und vertiefen, ein Erklärvideo technisch zu erstellen.
- Absprachen in der Gruppe treffen (Sozialziel).

Durchführung und Organisation
Adjektive machen Sprache lebendiger und helfen dabei, genaue Beschreibungen vorzunehmen. Ihre Anwendung und treffende Zuordnung sollten daher fortlaufend trainiert werden. Die vorliegende Aufgabenstellung kann im Jahrgang 5/6 oder in späteren Schuljahren zur Wiederholung und vertieften Anwendung von Adjektiven bearbeitet werden. Vokabular und benötigte sprachliche Strukturen werden durch das Material für die Minimalanforderung vorentlastet.
Falls die Schülerinnen und Schüler bereits die technische Umsetzung eines Erklärfilms beherrschen, beträgt die Zeitspanne für Vorbereitung, Durchführung, Präsentation und Evaluation je nach Leistungsstärke der Lerngruppe zwei bis drei Schulstunden.

Benötigtes Material
Für die Erstellung des Erklärvideos können den Schülerinnen und Schülern folgende Materialien zur Verfügung gestellt werden:
- Arbeitsblatt mit Erklärungen und Beispielsätzen
- Aufgaben zur Sicherstellung des Verständnisses
- der qualitativ dreifach differenzierte Arbeitsauftrag
- Beschreibungen zur Verwendung von Adjektiven werden mit vorentlastetem Material erstellt.
- Emojis dienen dazu, Gefühle mit Adjektiven zu verdeutlichen.
- Eine Liste mit Adjektiven kann zur Beschriftung eigener Bilder verwendet werden und gibt Anregungen zu weiteren Adjektiven.
- Illustrationen zeigen die Bandbreite von möglichen Beschreibungen für Personen und Sachen auf.
- Drehbuchvorlage zur Erstellung des Drehbuchs
- Rollenverteilungskarten

Optionales Material
- ggf. vorab die Beispiele für gelungene Erklärvideos und Hinweise, wie man Erklärfilme mit Stop-Motion erstellen kann
- leere DIN-A4- bzw. DIN-A3-Blätter
- bunte Stifte
- zusätzliche Emojis
- Adjektivliste

Inhaltsfeld „Grammatik Basiswissen"

Worksheet Adjectives

Adjektive sind Wörter, mit denen ein Nomen (Substantiv) näher beschrieben wird. Durch Adjektive erhält man also genauere Informationen über Personen oder Dinge. Adjektive haben immer die gleiche Form, egal auf welches Nomen sie sich beziehen. Beispiel: Tina has a new bike. – Her three brothers have new bikes too.

1. Satzstellung

Adjektive stehen in den meisten Fällen vor dem Nomen, auf das sie sich beziehen.
Beispiele:
- Tom has a young dog.
- My house has a big pool.

In einigen Fällen steht das Adjektiv an anderer Stelle im Satz. Dies gilt vor allem bei „be" (am/is/are).
Beispiele:
- I am tired.
- She is intelligent.

2. Aneinanderreihung mehrerer Adjektive

In einem Satz können auch mehrere Adjektive stehen. So werden verschiedene Informationen über eine Person oder eine Sache gegeben.
Beispiele:
- Tom has beautiful new sneakers.
- I am tired and bored.

Inhaltsfeld „Grammatik Basiswissen"

Test yourself!

1. Adjectives

Find suitable adjectives.

_____
_____

_____
_____

_____
_____

_____
_____

2. Sentences with adjectives

Put the words in the right order.

a) Peter / blond / hair / has

_____.

b) a / soccer / is / game / fantastic

_____.

c) people / party / happy / are / very / the / at / the

_____.

d) delicious / mum / my / cakes / makes

_____.

e) difficult / not / English / language / a / is

_____.

Inhaltsfeld „Grammatik Basiswissen"

Dreifach differenzierte Aufgabenkarten

Erstellt in der Gruppe einen Erklärfilm zu Adjektiven.

Erklärt, was Adjektive sind und wie man sie im Englischen verwendet. Verdeutlicht dies an einigen Beispielen.

- Wählt ein Emoji aus und findet passende Adjektive.
- Bildet Beispielsätze.
- Beschreibt auch eine Sache mit Adjektiven und malt dazu ein eigenes Bild.

Benutzt hierzu die bereitgestellten Materialien und Bilder. Ihr dürft auch die Beispiele aus den Aufgaben verwenden.

Erstellt in der Gruppe einen Erklärfilm zu Adjektiven.

Erklärt, was Adjektive sind und wie man sie im Englischen verwendet. Erklärt auch die Position von Adjektiven in Sätzen. Verdeutlicht dies an einigen Beispielen.

- Malt ein Emoji oder ein Gesicht mit passenden Adjektiven.
- Bildet Beispielsätze mit unterschiedlichen Satzstellungen.
- Beschreibt auch eine Sache mit Adjektiven und malt dazu ein eigenes Bild.

Benutzt hierzu die bereitgestellten Materialien und Bilder. Ihr dürft auch die Beispiele aus den Aufgaben verwenden.

Erstellt in der Gruppe einen Erklärfilm zu Adjektiven.

Erklärt, was Adjektive sind und wie man sie im Englischen verwendet. Erklärt auch die Position von Adjektiven in Sätzen. Verdeutlicht dies an einigen Beispielen.

- Bildet Beispielsätze mit unterschiedlichen Satzstellungen.
- Beschreibt auch eine Sache mit Adjektiven und malt dazu ein eigenes Bild.
- Bildet Sätze mit mehreren Adjektiven.
- Bildet eine Frage mit Adjektiv.

Benutzt hierzu die bereitgestellten Materialien und Bilder. Ihr dürft auch die Beispiele aus den Aufgaben verwenden.

Inhaltsfeld „Grammatik Basiswissen"

Bildvorlagen und Redemittel

happy   beautiful   angry   nice   cool   old
sad   fast   expensive   slow   young
pretty   big   new   fantastic   boring   cold
interesting   sunny   hot   exciting
tall   shiny   high   difficult   cheap
ugly   warm   bright   dark   funny   delicious …

Inhaltsfeld „Grammatik Basiswissen"

Lösungen

1. Adjectives

Find suitable adjectives.

happy, friendly, funny ...

expensive, new ...

fast, expensive, nice ...

big, nice, cool ...

2. Sentences with adjectives

Put the words in the right order.

a) Peter / blond / hair / has — Peter has blond hair.
b) a / soccer / is / game / fantastic — Soccer is a fantastic game.
c) people / party / happy / are / very / the / at / the — The people at the party are very happy.
d) delicious / mum / my / cakes / makes — My mum makes delicious cakes.
e) difficult / not / English / language / a / is — English is not a difficult language.

Inhaltsfeld „Grammatik Basiswissen"

Steigerung von Adjektiven

Ziele
Die Lernenden können
- die Funktion von Adjektiven erkennen und benennen.
- ein-, zwei- und mehrsilbige Adjektive unterscheiden.
- Ausnahmen der Steigerung erkennen und erläutern.
- Adjektive steigern.
- bereitgestelltes Vokabular nutzen.
- üben und vertiefen, ein Erklärvideo technisch zu erstellen.
- Absprachen in der Gruppe treffen (Sozialziel).

Durchführung und Organisation
Die Aufgabenstellung kann zum Abschluss der Thematik Adjektive im Jahrgang 6 bearbeitet werden. Sie eignet sich darüber hinaus in späteren Schuljahren zur Wiederholung und Vertiefung. Voraussetzung für die Durchführung ist, dass die Schülerinnen und Schüler entsprechenden Wortschatz und Redemittel in Ansätzen beherrschen. Vokabular und benötigte sprachliche Strukturen werden durch das Material zudem vorentlastet.
Je nach Leistungsstärke und technischen Vorkenntnissen der Lerngruppe beträgt die Zeitspanne für Vorbereitung, Durchführung, Präsentation und Evaluation zwei bis drei Schulstunden.

Benötigtes Material
Für die Erstellung des Erklärvideos können den Schülerinnen und Schülern folgende Materialien zur Verfügung gestellt werden:
- Arbeitsblatt mit Erklärungen und Beispielsätzen
- Aufgaben zur Sicherstellung des Verständnisses
- der qualitativ dreifach differenzierte Arbeitsauftrag
- Beschreibungen zur Verwendung von Adjektiven werden mit vorentlastetem Material erstellt:
  – In vorgegebene Illustrationen können Adjektive und ihre Steigerungsformen eingesetzt werden.
  – Vorgegebene Adjektive werden aufgrund ihrer Endung zugeordnet.
  – Beispielsätze können mit unterschiedlichen Adjektiven vervollständigt werden.
- Drehbuchvorlage zur Erstellung des Drehbuchs
- Rollenverteilungskarten

Optionales Material
- Beispiele für gelungene Erklärvideos und Hinweise, wie man Erklärfilme mit Stop-Motion erstellen kann
- leere DIN-A4- bzw. DIN-A3-Blätter
- bunte Stifte
- Gegenstände unterschiedlicher Größe, Länge etc. im Klassenraum
- zusätzliches Bildmaterial

Inhaltsfeld „Grammatik Basiswissen"

Worksheet Steigerung von Adjektiven

Mit Adjektiven beschreibt man Personen oder Dinge. Um Personen oder Dinge miteinander zu vergleichen, kann man Adjektive steigern. Die Steigerungsformen nennt man Komparativ (comparative) und Superlativ (superlative).
Beispiel: Our car is long. – The school bus is longer. – A train is the longest vehicle.

1. Steigerung von Adjektiven mit einer Silbe
Einsilbige Adjektive steigert man, indem man -er (Komparativ) bzw. -est (Superlativ) anhängt.
Beispiele: long – longer – the longest;   cheap – cheaper – the cheapest

2. Steigerung von Adjektiven mit zwei Silben, die auf -y, -er, -le oder -ow enden
Einige Adjektive mit zwei Silben werden genauso gesteigert wie einsilbige Adjektive:
- Adjektive, die auf -y enden (z. B. happy, easy, lovely, tidy ...)
- Adjektive, die auf -er enden (z. B. clever)
- Adjektive, die auf -le enden (z. B. simple)
- Adjektive, die auf -ow enden (z.B. narrow)

3. Steigerung von Adjektiven mit mehreren Silben
Alle anderen Adjektive mit zwei Silben sowie Adjektive mit mehr als zwei Silben steigert man mit „more" (Komparativ) bzw. „the most" (Superlativ).
Beispiel: difficult – more difficult – the most difficult

Ausnahmen und Besonderheiten
Bei der Steigerung von Adjektiven ändert sich manchmal die Schreibweise:
- -y wird zu -ie (z. B. happy – happier – the happiest).
- Ein stummes -e am Ende entfällt (z. B. late – later – the latest).
- Konsonanten nach kurzen Vokalen werden verdoppelt (z. B. hot – hotter – the hottest).

Es gibt auch Adjektive, die unregelmäßig gesteigert werden. Sie muss man auswendig lernen.
Beispiele: good – better – the best
             little – smaller – the smallest
             bad – worse – the worst

Inhaltsfeld „Grammatik Basiswissen"

Test yourself!

1. **Comparatives and superlatives**

   Fill in the comparatives and superlatives.

   cheap _____ _____   late _____ _____

   big _____ _____   happy _____ _____

   expensive _____   _____

   dangerous _____   _____

2. **Adjectives, comparatives and superlatives**

   Fill in the correct forms of the underlined adjectives.

   a) Sue has a very <u>friendly</u> dog. It's much _____ than my uncle's dog.

   b) Skateboarding is an <u>exciting</u> hobby, but I think surfing is even _____ .

   c) The food at our school cafeteria is <u>good</u>, but my mum's food is the _____ !

   d) Mike is 13 years <u>old</u>. His brothers are 5 and 7 years old. Mike is the _____ one.

   e) English is sometimes difficult, but Maths is _____ than English.

Inhaltsfeld „Grammatik Basiswissen"

Dreifach differenzierte Aufgabenkarten

Erstellt in der Gruppe einen Erklärfilm zur Steigerung von Adjektiven.

Erklärt, wie man im Englischen einsilbige Adjektive steigert (*-er/-est*) und wie man Adjektive mit mehreren Silben steigert (*more/most*). Verdeutlicht dies an einigen Beispielen.

Gebt Beispiele für:
- einsilbige Adjektive (*slow, old* ...)
- mehrsilbige Adjektive (*expensive, beautiful* ...)
- Benennt die Steigerungsformen mit *comparative* und *superlative*.

Benutzt hierzu die im Material bereitgestellten Bilder und Satzanfänge. Ihr dürft auch die Beispielsätze aus den Aufgaben verwenden.

Erstellt in der Gruppe einen Erklärfilm zur Steigerung von Adjektiven.

Erklärt, wie man im Englischen einsilbige Adjektive steigert (*-er/-est*) und wie man Adjektive mit mehreren Silben steigert (*more/most*). Erklärt dann, warum manche Adjektive mit zwei Silben ebenfalls mit *-er/-est* gesteigert werden. Verdeutlicht dies jeweils an einigen Beispielen.

Gebt Beispiele für:
- einsilbige Adjektive (*slow, old* ...)
- mehrsilbige Adjektive (*expensive, beautiful* ...)
- zweisilbige Adjektive mit der Endung **-y, -er, -le** oder **-ow**
- Benennt die Steigerungsformen mit *comparative* und *superlative*.

Benutzt hierzu die im Material bereitgestellten Bilder und Satzanfänge. Ihr dürft auch die Beispielsätze aus den Aufgaben verwenden.

Erstellt in der Gruppe einen Erklärfilm zur Steigerung von Adjektiven.

Erklärt, wie man im Englischen einsilbige Adjektive steigert (*-er/-est*) und wie man Adjektive mit mehreren Silben steigert (*more/most*). Erklärt dann, warum manche Adjektive mit zwei Silben ebenfalls mit *-er/-est* gesteigert werden. Welche Ausnahmen gibt es in der Schreibweise? Verdeutlicht dies jeweils an einigen Beispielen.

Gebt Beispiele für:
- einsilbige Adjektive (*slow, old* ...)
- mehrsilbige Adjektive (*expensive, beautiful* ...)
- zweisilbige Adjektive mit der Endung **-y, -er, -le** oder **-ow**
- Adjektive, bei denen sich die Schreibweise durch die Steigerung ändert
- Benennt die Steigerungsformen mit *comparative* und *superlative*.

Benutzt hierzu die im Material bereitgestellten Bilder und Satzanfänge.

Inhaltsfeld „Grammatik Basiswissen"

Bildvorlagen und Redemittel

long — **longer** — **the longest**

| -er | -est | the |
| more | most | y → ie |

g → gg

_____ → _____

67

Inhaltsfeld „Grammatik Basiswissen"

| -er / -est? | most / the most? |

- difficult
- expensive
- nice
- short
- funny
- beautiful
- hot
- long
- short
- slow
- _____

This is the _____ pizza in the world!

The new Maths teacher is much _____ than the old one!

This is the _____ pizza in the world!

68

Inhaltsfeld „Grammatik Basiswissen"

Lösungen

1. **Comparatives and superlatives**

   Fill in the comparatives and superlatives.

   cheap __cheaper__ __the cheapest__   late __later__ __the latest__
   big __bigger__ __the biggest__   happy __happier__ __the happiest__
   expensive __more expensive__ __most expensive__
   dangerous __more dangerous__ __most dangerous__

2. **Adjectives, comparatives and superlatives**

   Fill in the correct forms of the underlined adjectives.

   a) Sue has a very friendly dog. It's much __friendlier__ than my uncle's dog.
   b) Skateboarding is an exciting hobby, but I think surfing is even __more exciting__ .
   c) The food at our school cafeteria is good, but my mum's food is the __best__ !
   d) Mike is 13 years old. His brothers are 5 and 7 years old. Mike is the __oldest__ one.
   e) English is sometimes difficult, but Maths is __more difficult__ than English.

Inhaltsfeld „Grammatik Basiswissen"

Will-Future

Ziele
Die Lernenden können
- Handlungen in der Zukunft beschreiben.
- Fragen in der Zukunft formulieren.
- erkennen, dass „will" vor dem Verb die Zukunft ausdrückt.
- Signalwörter für die Verwendung des Will-Future erkennen und verwenden.
- bereitgestelltes Vokabular nutzen.
- üben und vertiefen, ein Erklärvideo technisch zu erstellen.
- Absprachen in der Gruppe treffen (Sozialziel).

Durchführung und Organisation
Aussagen und Vorhersagen über die Zukunft treffen zu können, ist für die sprachlich-kommunikative Ausdrucksfähigkeit von zentraler Bedeutung. Das Will-Future ermöglicht dies in strukturell einfacher Form und kann daher auch von jüngeren bzw. von lernschwächeren Schülerinnen und Schülern in motivierenden Unterrichtsformen angewendet werden.

Die vorliegende Aufgabenstellung kann zum Abschluss der Thematik im Jahrgang 5/6 oder in späteren Schuljahren zur Wiederholung bearbeitet werden.

Vokabular und sprachliche Strukturen werden durch das Material für die Minimalanforderung vorentlastet. Die Schülerinnen und Schüler sollten jedoch grundlegenden Wortschatz und Redemittel bereits in Ansätzen beherrschen, insbesondere für die Aufgaben der Anforderungsniveaus zwei und drei.

Die Zeitspanne für Vorbereitung, Durchführung, Präsentation und Evaluation beträgt je nach Leistungsstärke und technischen Vorerfahrungen der Lerngruppe bei zwei bis drei Schulstunden.

Benötigtes Material
Für die Erstellung des Erklärvideos können den Schülerinnen und Schülern folgende Materialien zur Verfügung gestellt werden:
- Arbeitsblatt mit Erklärungen und Beispielsätzen
- Aufgaben zur Sicherstellung des Verständnisses
- der qualitativ dreifach differenzierte Arbeitsauftrag
- Beschreibungen zur Verwendung des Will-Future werden mit vorentlastetem Material erstellt: in positiven und in negativen Aussagesätzen.
- Sprechblasen und Gedankenblasen können genutzt werden, um auf Vergangenes zu verweisen.
- Zwei Illustrationen dienen dazu, die Bildung der Zukunft zu verdeutlichen.
- Drehbuchvorlage zur Erstellung des Drehbuchs
- Rollenverteilungskarten

Optionales Material
- Beispiele für gelungene Erklärvideos
- leere DIN-A4- bzw. DIN-A3-Blätter
- bunte Stifte
- Wetterkarte
- Gegenstände, mit denen spielerische Situationen für Vorhersagen geschaffen werden können, z. B. eine Wahrsage-Glaskugel

Inhaltsfeld „Grammatik Basiswissen"

Worksheet Will-Future

Das Will-Future drückt im Englischen Handlungen in der Zukunft aus, die nicht fest geplant sind (z. B. Vermutungen, Vorhersagen, spontane Entscheidungen).

1. Bildung des Will-Future
Das Will-Future wird aus dem Hilfsverb „will" und dem Infinitiv des Verbs gebildet. Es wird für alle Personalpronomen gleich verwendet.

Beispiele: I will clean up my room on the weekend.
I think the weather will be good tomorrow.

2. Verneinungen im Will-Future
Verneinungen werden gebildet, indem man hinter das Wort „will" ein „not" setzt.

Beispiel: I will not play computer games tonight.

3. Kurzformen
In positiven Aussagesätzen kann man das Wort „will" zu „'ll" verkürzen. In Verneinungen wird aus „will not" „won't".

Beispiele: I'll do my homework after dinner.
He's very late. He probably won't catch his train.

4. Fragen
Bei Fragen im Will-Future verändert sich die Satzstellung. Das „will" rückt vor das Subjekt.

Beispiel: Will it rain tomorrow?

Signalwörter
next year, tomorrow, next summer, I think, probably ...

Inhaltsfeld „Grammatik Basiswissen"

Test yourself!

1. Say what will happen.

Fill in the will-future forms.
You can use the long form or the short form.

a) The weather forecast looks good. I think I _____ (go) to the swimming pool tomorrow.

b) My dad hopes that our favourite football team _____ (win) the match next Saturday.

c) Don't worry! I'm sure your older sister _____ (help) you with the Maths homework.

d) Thanks for the invitation! We _____ (try) to come to your party.

2. Ask questions and say what will not happen.

Fill in the will-future forms. You can use the long form or the short form.

a) What _____ we _____ (need) to bring for the picnic?

b) When _____ you _____ (buy) me the new smartphone, Mum?

c) _____ Paula _____ (arrive) on time? She's often late.

d) Oh no! I _____ (not wear) this old shirt to the party.

e) This lake is very cold! I _____ (not swim) today.

f) If we do not hurry up, we _____ (not catch) the train.

Inhaltsfeld „Grammatik Basiswissen"

Dreifach differenzierte Aufgabenkarten

Erstellt in der Gruppe einen Erklärfilm zum Will-Future.

Erklärt, wie man im Englischen das Will-Future verwendet. Zeigt, dass das Will-Future mit dem Wort *will* und der Grundform des Verbs gebildet wird.

Gebt Beispiele für:
- eine Vermutung über das Wetter
- ein Versprechen
- Signalwörter

Benutzt hierzu die bereitgestellten Materialien und Bilder. Ihr dürft auch die Beispielsätze aus den Aufgaben verwenden.

Erstellt in der Gruppe einen Erklärfilm zum Will-Future.

Erklärt, wie man im Englischen das Will-Future verwendet. Zeigt, dass das Will-Future mit dem Wort *will* und der Grundform des Verbs gebildet wird. Erklärt dann, wie man Aussagen verneint.

Gebt Beispiele für:
- eine Vermutung über das Wetter
- ein Versprechen
- eine Verneinung
- Signalwörter

Benutzt hierzu die bereitgestellten Materialien und Bilder. Ihr dürft auch die Beispielsätze aus den Aufgaben verwenden.

Erstellt in der Gruppe einen Erklärfilm zum Will-Future.

Erklärt, wie man im Englischen das Will-Future verwendet. Zeigt, dass das Will-Future mit dem Wort *will* und der Grundform des Verbs gebildet wird. Erklärt dann, wie man Aussagen verneint und was man bei Fragen beachten muss.

Gebt Beispiele für:
- eine Vermutung über das Wetter
- ein Versprechen
- eine Verneinung
- eine Frage
- Signalwörter

Benutzt hierzu die bereitgestellten Materialien und Bilder. Ihr dürft die Beispielsätze aus den Aufgaben verwenden oder eigene Beispiele formulieren.

Inhaltsfeld „Grammatik Basiswissen"

Bildvorlagen und Redemittel

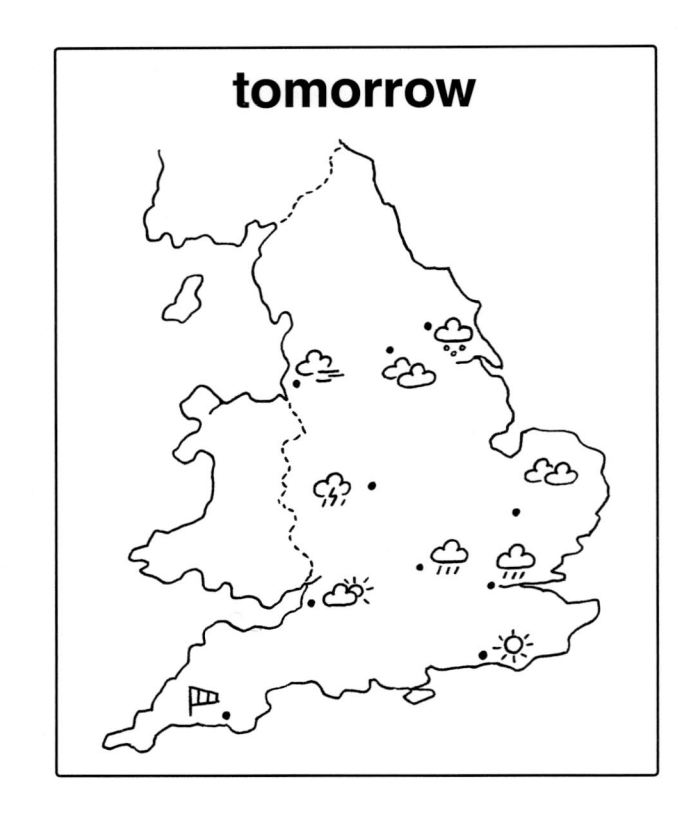

Tomorrow I will probably go to the beach and then I will play football.

tomorrow

I
you
he / she / it
we
you
they

| will | + |
| will not | verb |

next year

tomorrow

probably

will → 'll

will not → won't

74

© PERSEN Verlag

Inhaltsfeld „Grammatik Basiswissen"

Lösungen

1. **Say what will happen.**
   Fill in the will-future forms. You can use the long form or the short form.
   a) The weather forecast looks good. I think I **will go** (go) to the swimming pool tomorrow.
   b) My dad hopes that our favourite football team **will win** (win) the match next Saturday.
   c) Don't worry! I'm sure your older sister **will help** (help) you with the Maths homework.
   d) Thanks for the invitation! We **will try** (try) to come to your party.

2. **Ask questions and say what will not happen.**
   Fill in will-future forms. You can use the long form or the short form.
   a) What **will** we **need** (need) to bring for the picnic?
   b) When **will** you **buy** (buy) me the new smartphone, Mum?
   c) **Will** Paula **arrive** (arrive) on time? She's often late.
   d) Oh no! I **will not wear** (not wear) this old shirt to the party.
   e) This lake is very cold! I **will not swim** (not swim) today.
   f) If we do not hurry up, we **will not catch** (not catch) the train.

Inhaltsfeld „Grammatik Basiswissen"

Talking about the weather

Ziele
Die Lernenden können
- Beschreibungen des Wetters in der Gegenwart machen.
- Adjektive zur Bezeichnung von Wetterlagen anwenden.
- das Wetter mittels Vorgangsbeschreibungen (z. B. *It is raining.*) benennen.
- über das Wetter in der Zukunft sprechen und dabei das Will-Future anwenden.
- bereitgestelltes Vokabular und Wettersymbole nutzen.
- üben und vertiefen, ein Erklärvideo technisch zu erstellen.
- Absprachen in der Gruppe treffen (Sozialziel).

Durchführung und Organisation
Aussagen und Gespräche über das Wetter finden im Alltag in vielen Kontexten Anwendung und sind somit ein wichtiger fremdsprachlicher Lerngegenstand. Die Aufgabenstellung „Talking about the weather" kann dementsprechend zum Abschluss der Thematik Wetter im Jahrgang 5/6 bearbeitet oder auch in späteren Schuljahren in weitere Unterrichtsthemen, wie z. B. Urlaub oder Reisen, eingebettet werden.

Vokabular und notwendige sprachliche Strukturen werden durch das bereitgestellte Material für die Minimalanforderung vorentlastet, jedoch sollten die Schülerinnen und Schüler bereits über ein Grundrepertoire an Wortschatz und Redemitteln verfügen.

Falls die Schülerinnen und Schüler bereits die technische Umsetzung eines Erklärfilms beherrschen, beträgt die Zeitspanne für Vorbereitung, Durchführung, Präsentation und Evaluation je nach Leistungsstärke der Lerngruppe zwei bis drei Schulstunden.

Benötigtes Material
Für die Erstellung des Erklärvideos können den Schülerinnen und Schülern folgende Materialien zur Verfügung gestellt werden:
- Arbeitsblatt mit Erklärungen und Beispielsätzen
- Aufgaben zur Sicherstellung des Verständnisses
- der qualitativ dreifach differenzierte Arbeitsauftrag:
  - Wetterbeschreibungen mit Adjektiven werden mit vorentlastetem Material erstellt.
  - Die Beschreibung von Wetterlagen wird um Vorgangsbeschreibungen ergänzt.
  - Der Erklärfilm soll um die Vorhersage von zukünftigen Wetterlagen erweitert werden.
  - Wetterkarten werden für Vorhersagen genutzt.
  - Beispielsätze werden vervollständigt.
- Drehbuchvorlage zur Erstellung des Drehbuchs
- Rollenverteilungskarten

Optionales Material
- Beispiele für gelungene Erklärvideos und Hinweise, wie man Erklärfilme mit Stop-Motion erstellen kann
- leere DIN-A4- bzw. DIN-A3-Blätter
- bunte Stifte
- Regenschirm, Sonnenmilch, Sonnenhut, Schal, Handschuhe …
- Landkarte

Inhaltsfeld „Grammatik Basiswissen"

Worksheet Talking about the weather

1. What is the weather like?
Zur Beschreibung des Wetters verwendet man häufig Formulierungen mit Adjektiven, z. B. „It's warm", „It's cold", „It's rainy", „It's windy", „It's sunny", „It's cloudy". Teilweise wird aber auch der Vorgang beschrieben, z. B. „It's raining", „The sun is shining".

2. What will the weather be like? – Weather forecast
Bei Vorhersagen und Gesprächen darüber, wie das Wetter in Zukunft wird, verwendet man meist das Will-Future, z. B.:   „Tomorrow it will be sunny."
„It will be cold and cloudy on Sunday."
„There will be a thunderstorm tonight."

Test yourself!

1. What is the weather like?
Say what the weather is like in each of the pictures.
Use the following words:

cold, sunny, rainy, foggy, cloudy, windy

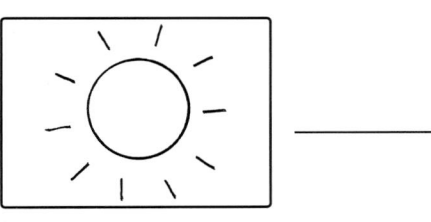

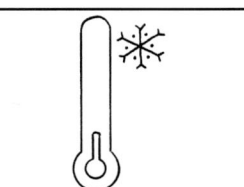

Inhaltsfeld „Grammatik Basiswissen"

2. What is the weather like?

Find weather words that fit in the sentences.

In spring it is often _____ .

In summer it is usually _____ .

In autumn it is often _____ , so you can fly a kite.

In winter it is mostly _____ and sometimes it _____ .

3. What will the weather be like?

Say what the weather will be like on Saturday and Sunday.

Saturday	Sunday

_____

_____

_____

_____

Inhaltsfeld „Grammatik Basiswissen"

Dreifach differenzierte Aufgabenkarten

Erstellt in der Gruppe einen Erklärfilm dazu, wie man auf Englisch über das Wetter spricht.

Erklärt, wie die Wetterbedingungen im Englischen mit Adjektiven benannt werden. Verwendet dazu Symbolbilder und beschreibt das Wetter. Gebt jeweils ein Beispiel für:

- *warm/cold*
- *rainy/sunny*
- *stormy/cloudy*

Benutzt hierzu die im Material bereitgestellten Bilder und Satzanfänge.

Erstellt in der Gruppe einen Erklärfilm dazu, wie man auf Englisch über das Wetter spricht.

Erklärt, wie das Wetter im Englischen mit Adjektiven und als Vorgangsbeschreibung benannt wird. Verwendet dazu Symbolbilder und beschreibt das Wetter. Gebt jeweils ein Beispiel für:

- *warm/cold*
- *rainy/raining*
- *sunny/shines/shining*
- *stormy/storm*
- …

Benutzt hierzu die im Material bereitgestellten Bilder und Satzanfänge.

Erstellt in der Gruppe einen Erklärfilm dazu, wie man auf Englisch über das Wetter spricht.

Erklärt, wie das Wetter im Englischen mit Adjektiven und als Vorgangsbeschreibung benannt wird. Erklärt außerdem, wie man über das Wetter in der Zukunft spricht bzw. eine Wettervorhersage macht. Verwendet dazu Symbolbilder und beschreibt das Wetter. Gebt jeweils Beispiele für:

- *warm/cold*
- *rainy/raining*
- *sunny/shines/shining*
- *stormy/storm*
- …

Benutzt hierzu die im Material bereitgestellten Bilder und Satzanfänge.

Inhaltsfeld „Grammatik Basiswissen"

Bildvorlagen und Redemittel

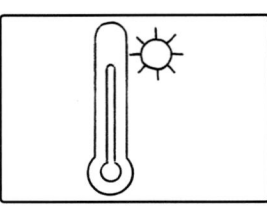

	Saturday	Sunday

It is _____ .   It's _____ .

It's _____ and _____ .

There is _____ .   There will be _____ .

It will _____ .   It will be _____ .

It will be _____ and _____ .

On _____ it will be _____ .

Inhaltsfeld „Grammatik Basiswissen"

Lösungen

1. **What is the weather like?**
   Say what the weather is like in each of the pictures. Use the following words:
   cold, sunny, rainy, foggy, cloudy, windy

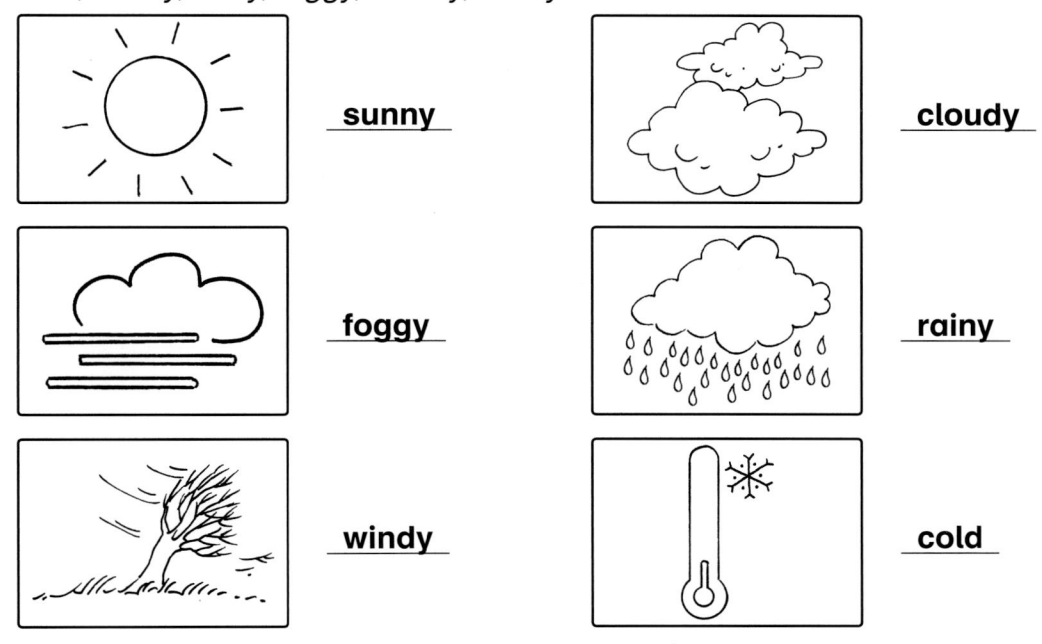

   sunny   cloudy
   foggy   rainy
   windy   cold

2. **What is the weather like?**
   Find weather words that fit in the sentences.
   In spring it is often __warm__, __sunny__, __cloudy__ ...
   In summer it is usually __warm__, __hot__, __sunny__ ...
   In autumn it is often __windy__, so you can fly a kite.
   In winter it is mostly __cold__ and sometimes it __snows__.

3. **What will the weather be like?**
   Say what the weather will be like on Saturday and Sunday.

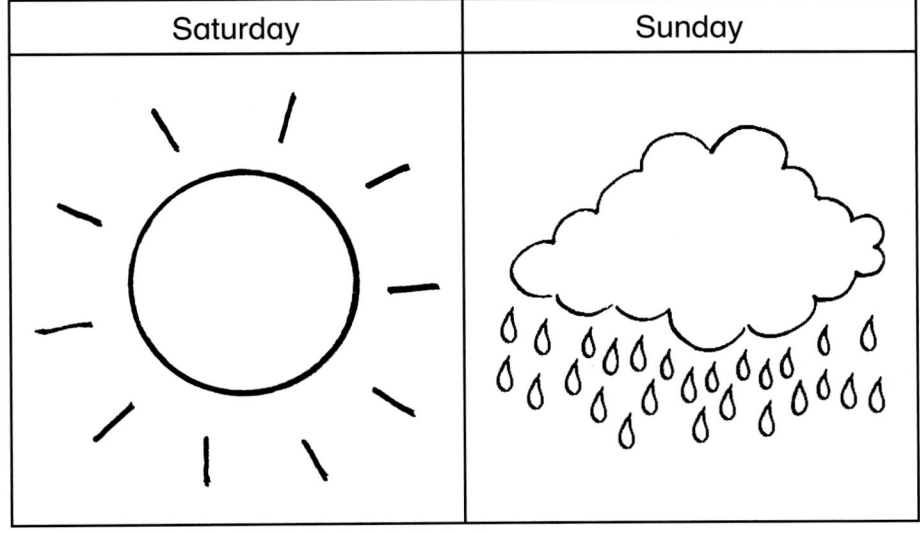

Saturday	Sunday

   On Saturday it will be sunny.
   On Sunday it will be rainy.

Inhaltsfeld „Grammatik Basiswissen"

Telling time

Ziele
Die Lernenden können
- analoge und digitale Uhrzeiten ablesen.
- analoge und digitale Uhrzeiten verwenden.
- Verabredungen treffen.
- zwischen Vormittag und Nachmittag im englischen 12-Stunden-System unterscheiden.
- bereitgestelltes Vokabular nutzen.
- üben und vertiefen, ein Erklärvideo technisch zu erstellen.
- Absprachen in der Gruppe treffen (Sozialziel).

Durchführung und Organisation
Die Aufgabenstellung kann zum Abschluss der Thematik Uhrzeiten im Jahrgang 5/6 oder in späteren Schuljahren zur Wiederholung bearbeitet werden.

Voraussetzung hierfür ist, dass die Schülerinnen und Schüler entsprechenden Wortschatz und Redemittel in Ansätzen beherrschen. Vokabular und benötigte sprachliche Strukturen werden durch das Material für die Minimalanforderung vorentlastet.

Sollten die Schülerinnen und Schüler bereits die technische Umsetzung eines Erklärfilms beherrschen, beträgt die Zeitspanne für Vorbereitung, Durchführung, Präsentation und Evaluation je nach Leistungsstärke der Lerngruppe zwei bis drei Schulstunden.

Benötigtes Material
Für die Erstellung des Erklärvideos können den Schülerinnen und Schülern folgende Materialien zur Verfügung gestellt werden:
- Arbeitsblatt mit Erklärungen und Beispielen
- Aufgaben zur Sicherstellung des Verständnisses
- der qualitativ dreifach differenzierte Arbeitsauftrag:
  - Die analogen Uhrzeiten werden anhand einiger Beispiele in Stunden und Minuten angegeben.
  - Analoge und digitale Uhrzeiten werden anhand von Beispielen in Stunden und Minuten angegeben.
  - Analoge und digitale Uhrzeiten werden anhand von Beispielen in Stunden und Minuten sowie in Minuten und Stunden angegeben. Dabei werden auch Viertel-, halbe und volle Stunden berücksichtigt.
- zu vervollständigende Bildvorlagen aus dem Bereich Uhrzeiten
- Beispielsätze mit Angaben von Uhrzeiten
- Drehbuchvorlage zur Erstellung des Drehbuchs
- Rollenverteilungskarten

Optionales Material
- Beispiele für gelungene Erklärvideos und Hinweise, wie man Erklärfilme mit Stop-Motion erstellen kann
- leere DIN-A4- bzw. DIN-A3-Blätter
- bunte Stifte
- eigene Uhren
- Wecker/Klassenraumuhr/Lernuhr mit beweglichen Zeigern

Inhaltsfeld „Grammatik Basiswissen"

Worksheet Telling time

Im Englischen wird meist kein 24-Stunden-System verwendet. Stattdessen wird der Tag in zweimal 12 Stunden eingeteilt. Damit es keine Verwechslungen gibt, sagt man vormittags „a.m." und nachmittags „p.m". Die vollen Stunden sind „o'clock", z. B. 11:00 = „eleven o'clock".

Es gibt zwei verschiedene Möglichkeiten, die Uhrzeit anzugeben:

1. Nennung von Stunde und Minuten
Man nennt zuerst die Stunde und dann die Minuten, die in dieser Stunde bereits vergangen sind, z. B. 10:20 Uhr = „ten twenty"; 12:55 = „twelve fifty-five".

2. Nennung von Minuten und Stunde
Man nennt zuerst die Minuten und dann die Stunde. Bis zur 30. Minute werden die Minuten mit „past" (nach) angegeben, z. B. 10:10 = „ten minutes past ten".
Ab der 31. Minute werden die Minuten mit „to" (vor) angegeben, z. B. 10:40 = „twenty minutes to eleven". 15 Minuten können zu Vierteln zusammengefasst werden. „15 Minuten nach" heißt dann „a quarter past", „15 Minuten vor" heißt „a quarter to" und „30 Minuten nach" heißt „half past".

Test yourself!

1. What time is it?

Fill in the time. Follow the example.

a) 8:10 a.m. *It's eight ten.*

b) 9:20 a.m. _____

c) 11:30 a.m. _____

d) 2:50 p.m. _____

e) 5:15 p.m _____

f) 10:22 p.m. _____

2. What time is it?

Fill in the time. Follow the example.

a) 8:10 a.m. *It's ten past eight.*

b) 9:20 a.m. _____

c) 11:30 a.m. _____

d) 2:50 p.m. _____

e) 5:15 p.m _____

f) 10:22 p.m. _____

Inhaltsfeld „Grammatik Basiswissen"

3. What time is it?

Fill in the time the clocks are showing. Use the system you prefer.

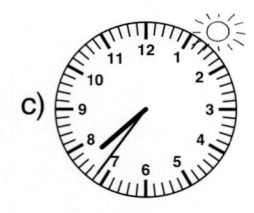

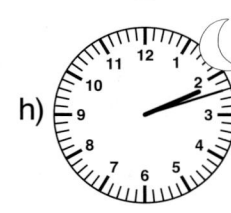

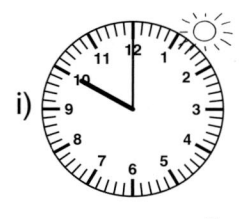

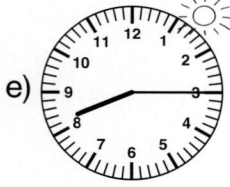

a) _____

b) _____

c) _____

d) _____

e) _____

f) _____

g) _____

h) _____

i) _____

j) _____

Inhaltsfeld „Grammatik Basiswissen"

Dreifach differenzierte Aufgabenkarten

Erstellt in der Gruppe einen Erklärfilm dazu, wie man auf Englisch die Uhrzeit angibt.

> Erklärt die Benennung der Uhrzeit anhand einiger Beispiele mit dem System Nennung von Stunde und Minuten (z. B. *It's twelve twenty*). Gebt jeweils ein Beispiel für:
> - eine volle Stunde
> - eine halbe Stunde
> - eine Uhrzeit zwischen der vollen und der halben Stunde
>
> Benutzt hierzu die im Material bereitgestellten Bilder von digitalen Uhren.

Erstellt in der Gruppe einen Erklärfilm dazu, wie man auf Englisch die Uhrzeit angibt.

> Erklärt die Benennung der Uhrzeit anhand einiger Beispiele mit dem System Nennung von Stunde und Minuten (z. B. *It's twelve twenty*). Gebt jeweils ein Beispiel für:
> - eine volle Stunde
> - eine halbe Stunde
> - eine Uhrzeit zwischen der vollen und der halben Stunde
>
> Benutzt hierzu die im Material bereitgestellten Bilder von digitalen Uhren und von Uhren mit Zeigern.

Erstellt in der Gruppe einen Erklärfilm dazu, wie man auf Englisch die Uhrzeit angibt.

> Erklärt die Benennung der Uhrzeit anhand einiger Beispiele mit dem System Nennung von Minuten und Stunden (z. B. *It's twenty past twelve*). Gebt jeweils ein Beispiel für:
> - eine volle Stunde
> - eine halbe Stunde
> - eine Uhrzeit mit Viertel vor
> - eine Uhrzeit mit Viertel nach
>
> Benutzt hierzu die im Material bereitgestellten Bilder von digitalen Uhren und von Uhren mit Zeigern.

Inhaltsfeld „Grammatik Basiswissen"

Bildvorlagen und Redemittel

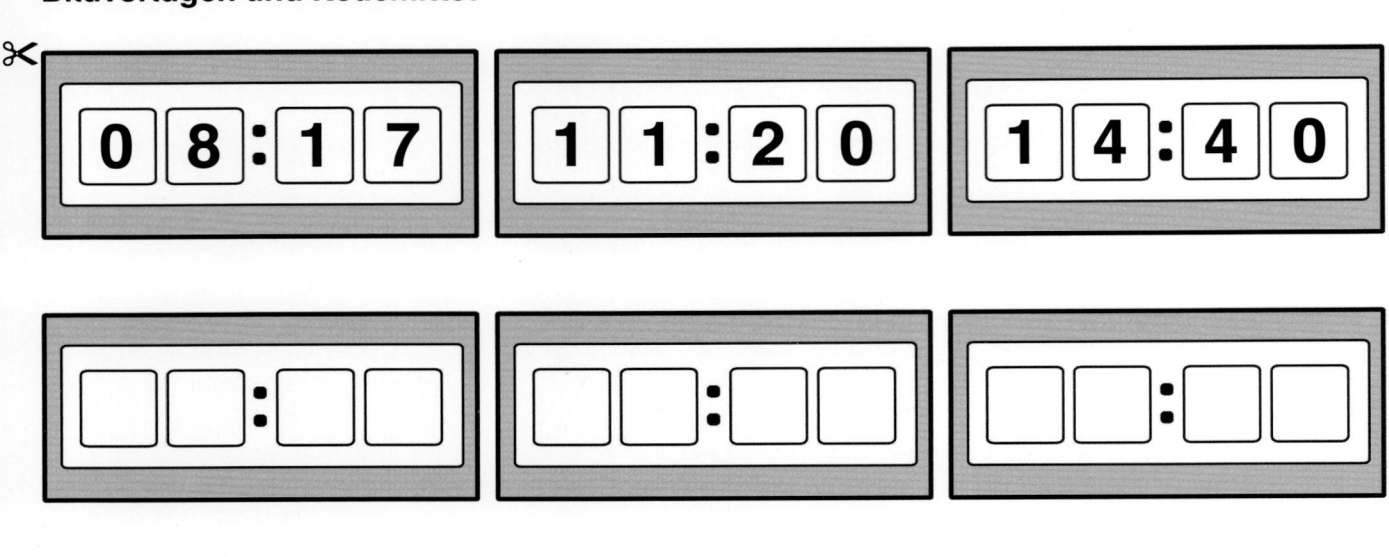

08:17   11:20   14:40

Inhaltsfeld „Grammatik Basiswissen"

```
         o'clock
    five to | five past
  ten to    |    ten past
quarter  TO | PAST  quarter
  to        |        past
  twenty    |    twenty
    to      |      past
  twenty-five | twenty-five
      to    |    past
        half past
```

a.m.

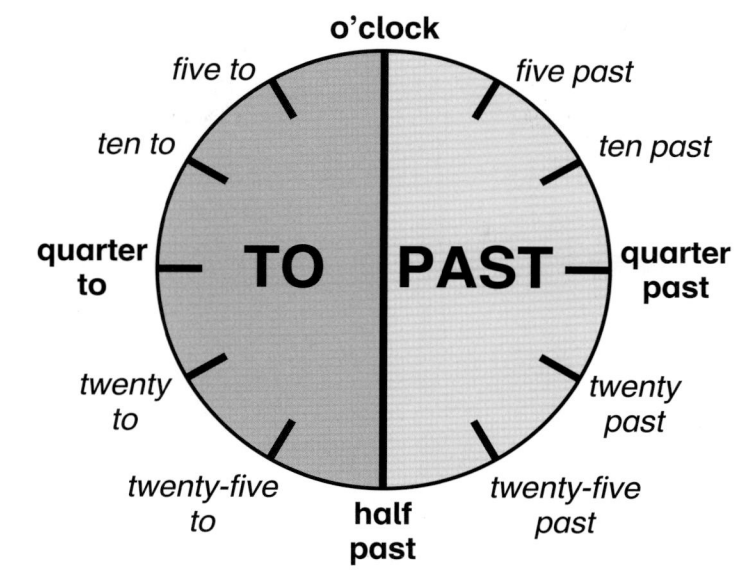

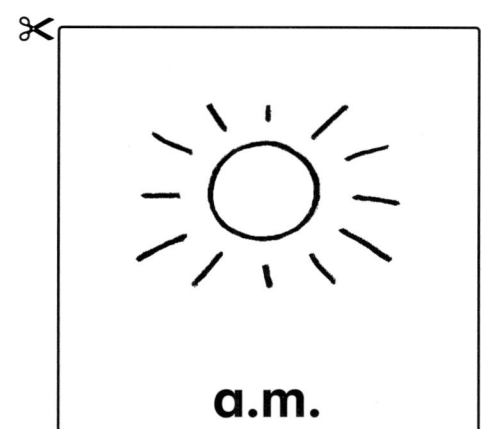

p.m.

At eleven o'clock in the daytime you say _____ .

At eleven o'clock at night you say _____ .

When it's fifteen past you can say _____ past.

When it's thirty past you can say _____ past.

Inhaltsfeld „Grammatik Basiswissen"

Lösungen

1. **What time is it?**

   Fill in the time. Follow the example.
   - a) 8:10 a.m.   It's eight ten.
   - b) 9:20 a.m.   It's nine twenty.
   - c) 11:30 a.m. It's eleven thirty.
   - d) 2:50 p.m.   It's two fifty.
   - e) 5:15 p.m.   It's five fifteen.
   - f) 10:22 p.m. It's ten twenty-two.

2. **What time is it?**

   Fill in the time. Follow the example.
   - a) 8:10 a.m.   It's ten past eight.
   - b) 9:20 a.m.   It's twenty past nine.
   - c) 11:30 a.m. It's half past eleven.
   - d) 2:50 p.m.   It's ten to three.
   - e) 5:15 p.m.   It's a quarter past five.
   - f) 10:22 p.m. It's twenty-two past ten.

3. **What time is it?**

   Fill in the time the clocks are showing. Use the system you prefer.
   - a)  It's half past three.
   - b)  It's a quarter to ten.
   - c)  It's seven thirty-six.
   - d) 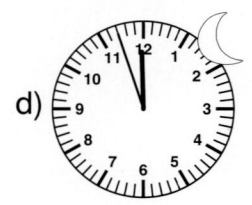 It's three to twelve.
   - e) 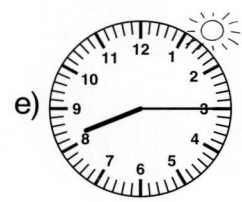 It's a quarter past eight.
   - f) 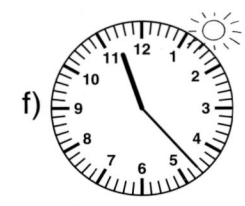 It's eleven twenty-three.
   - g) 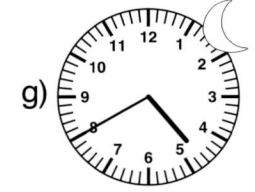 It's twenty to five.
   - h) 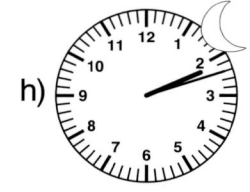 It's twelve past two.
   - i) 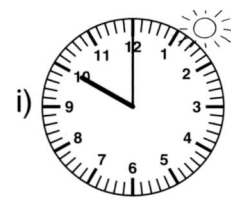 It's ten o'clock.
   - j) 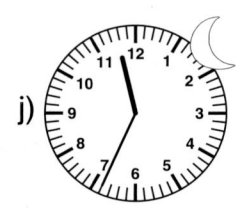 It's eleven thirty-four.

Bildnachweise

S. 16: Stonehenge: © Mr Nai – Shutterstock.com, Loch Ness: gemeinfrei – Graham Lowe auf Pixabay, Tower Bridge: © OHRAUGE – Fotolia.com, Edinburgh Castle: gemeinfrei – David Mark auf Pixabay, Fisch: gemeinfrei – fiach auf Pixabay, Tiger: gemeinfrei – vladvl56 auf Pixabay

S. 20, 23: Highlands: © Juraj Kamenicky – Shutterstock.com, Brighton Pier: gemeinfrei – Howard Walsh auf Pixabay, Glenshee: gemeinfrei – Josef Pichler auf Pixabay, Channel Islands: gemeinfrei – falco auf Pixabay

S. 22: Stumme Karte: © D-Maps.com, https://d-maps.com/carte.php?num_car=5543&lang=de

S. 28: Icon Kreuz: Corina Beurenmeister, alle weiteren: Katharina Reichert-Scarborough

S. 34: Kinder mit Fußball: gemeinfrei – Dimitris Vetsikas auf Pixabay, Frau mit Gedankenblase (ohne Inhalt): gemeinfrei – PublicDomainPictures auf Pixabay, Inhalt Gedankenblase: gemeinfrei – Anastasia Gepp auf Pixabay, Tiere: © Jonathan Densford – stock.adobe.com, Familie vor TV: © WavebreakmediaMicro – stock.adobe.com

S. 41: Notizblock (ohne Beschriftung): gemeinfrei – Mike Sweeney auf Pixabay, zwei Frauen im Park (ohne Sprech- und Gedankenblasen): gemeinfrei – klimkin auf Pixabay, Urlaub (in Gedankenblase): gemeinfrei – Julius Silver auf Pixabay

S. 47/48: Kirsche: gemeinfrei – Shutterbug75 auf Pixabay, Kirschkorb: gemeinfrei – klimkin auf Pixabay, Katze: © digitaliensbp – Shutterstock.com, Katzenfamilie: gemeinfrei – Franz W. auf Pixabay, Geschenk: gemeinfrei – Bella H. auf Pixabay, Geschenke: gemeinfrei – anncapictures auf Pixabay, 2 Äpfel: gemeinfrei – 955169 auf Pixabay, 8 Äpfel: gemeinfrei – Marina Pershina auf Pixabay, 4 Äpfel: gemeinfrei – 윤지 정 auf Pixabay

S. 54: Äpfel: © Daniel Ernst – Fotolia.com, Bohnen: gemeinfrei – Pexels auf Pixabay, Kirschkorb: gemeinfrei – klimkin auf Pixabay, Orangen: gemeinfrei – S. Hermann & F. Richter auf Pixabay, Karotten: © atoss – Fotolia.com, Bananen: © Teamarbeit – Fotolia.com

S. 59/62: Rennwagen: gemeinfrei – mibro auf Pixabay, fröhliches Mädchen: gemeinfrei – Pezibear auf Pixabay, Smartphone/Geld: gemeinfrei – 3D Animation Production Company auf Pixabay, Villa: gemeinfrei – GregoryButler auf Pixabay

S. 61: Gegenstände: gemeinfrei – Ylanite www.pexels.com/@nietjuh auf Pixabay, Emoticons: © denisgorelkin – stock.adobe.com, Partyszene: © Good Studio – stock.adobe.com

S. 67: Haus: gemeinfrei – Anna Armbrust auf Pixabay, Villa: gemeinfrei – Barry D auf Pixabay, Schloss: gemeinfrei – Herbert Bieser auf Pixabay, kleine Schlange: gemeinfrei – Tapeworm auf Pixabay, lange Schlange: gemeinfrei – Josch13 auf Pixabay, mittlere Schlange: © reptiles4all – Shutterstock.com, Gemüse: gemeinfrei – JaHo auf Pixabay, Ananas: © tedwynnie – stock.adobe.com

S. 74: Wetterkarte: Corina Beurenmeister, Mädchen (ohne Sprechblase): gemeinfrei – fabienne francis auf Pixabay

S. 77/78/80/81: Wettersymbole: Corina Beurenmeister

S. 84/88: Uhr (ohne Zeiger): Oliver Wetterauer, Sonne/Mond: Barbara Gerth

S. 86: Uhr (ohne Zeiger): Oliver Wetterauer, Digitaluhr: Manuela Ostadal

S. 87: Sonne/Mond: Barbara Gerth

Alle Unterrichtsmaterialien
der Verlage Auer, AOL-Verlag und PERSEN

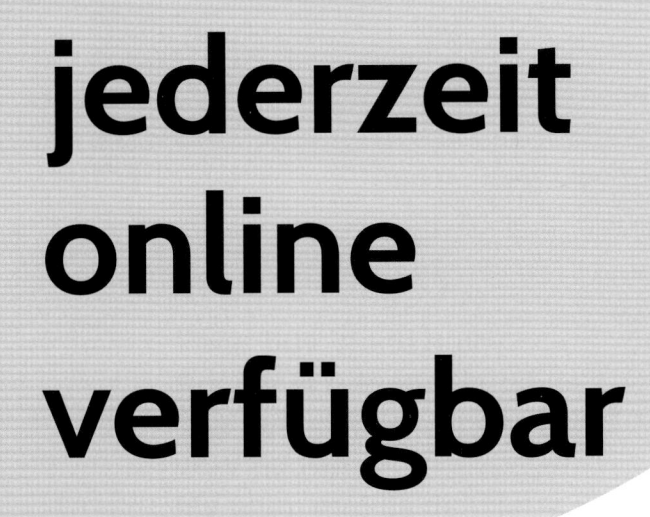

» jederzeit online verfügbar

lehrerbuero.de
Jetzt kostenlos testen!

Und das Beste:
Schon ab zwei Kollegen können Sie von der günstigen **Schulmitgliedschaft** profitieren!

Infos unter:
lehrerbuero.de

» lehrerbüro

Das **Online-Portal** für Unterricht und Schulalltag!